本質較安全設計

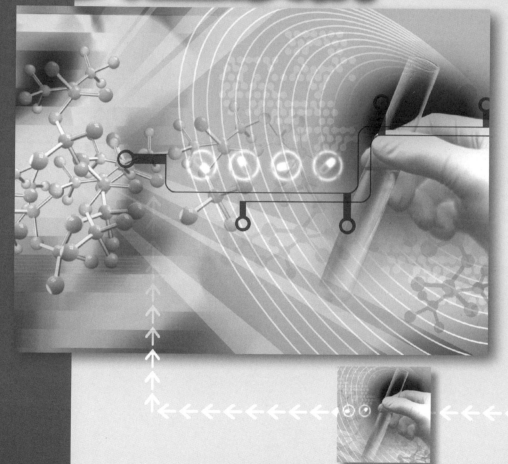

張一岑◎著

Inherently Safer Design

序

　　「本質較安全設計」是一種製程安全的設計理念，它主張設計者以「去除或減少製程中的危害，以提升製程本質的安全程度」。這種設計理念與傳統的理完全不同。傳統的理念是從不探討現有製程中是否有危害存在，只是應用工程與行政管理手段由外部控制或降低系統中的風險。換句話說，傳統的作法是增加外在的安全設施，並沒有提升系統本質上的安全程度。

　　二次世界大戰後，石油與塑化產品需求量大增，為了降低成本，不僅規模愈來愈大，高溫高壓製程與危害性物質使用量日益增加，外在安全與控制設施亦成比例成長。由於複雜度高，化工製程的安全操作日趨困難。任何操作上或設備的失誤皆可能造成可怕的災難。

　　1974年，英國傅立克斯堡（Flixborough, UK）人纖原料工廠爆炸事件發生後，震驚整個化工界，傳統的理念開始受到挑戰。工業界發現增加外在安全防護設施，僅能防止災害的擴散，卻無法去除危害。只有改善製程，去除危害因子，才可真正降低風險。

　　1978年，英國卜內門化學公司（Imperial Chemical Industries, ICI）的資深安全顧問克萊茲（Trevor A. Kletz）首先提出「以消除或降低危害，而不是以控制危害為原則」的設計理念。1990年，他又發表本質較安全的設計概念與策略。此後，本質較安全設計的理念開始在化工界發酵。1996年，美國化學工程師學會將相關工業案例彙總於《本質較安全化學製程：生命週期的途徑》（*Inherently Safer Chemical Processes: A Life Cycle Approach*）書中。2009年，美國化學工程師學會又將後續所發展相關發展彙總於第二版中。目前，「本質較安全設計」理念不僅普遍為製程設計工程師所接受，而且被奉為創新製程設計的圭臬。

自從103年12月我國勞動部訂定「製程安全評估定期實施辦法」後，從事石油產品的裂解反應，以製造石化基本原料或製造、處置或使用危險物及有害物的工作場所，皆必須實施製程安全評估。然而，絕大多數業者仍拘泥於傳統思維，發現危害後，僅消極地從外部增加安全設施，並未積極地去除危害，因此無法提升本質安全。

由歐美先進國家的經驗可知，實施製程安全評估只是邁向製程安全管理的第一步。雖然可以發現製程中的危害，但是仍須持續地去除危害，才能降低風險。製程安全評估有如健康檢查，如果僅執行健檢與吃藥打針，但不強化體質，僅能治標，卻無法長期維持健康。因此，必須強化製程本質，才能有效降低風險。

有鑑於此，筆者乃蒐集歐、美、日本等先進國家期刊中相關資訊與跨國公司的案例，撰寫本書，除了介紹本質較安全設計的基本理念外，並強調實際案例的應用。

本書分為基本概念、強化、取代、調節、簡化等五個主要部分，彙總於十個章節中。第一章與第二章分別介紹本質安全的基本觀念與設計策略，期以提供讀者一個基本架構。第三章至第七章則討論觸媒、單元設備、替代能源、反應器與製程單元整合相關的強化設計。取代、調節、簡化等相關設計則列入第八、九、十章中。

本書文字淺顯易懂，除了介紹基本觀念外，多輔以實例，盡量避免理論的探討與數學公式的演繹；因此舉凡大學工程相關科系畢業生皆可理解。本書除了可提供從業工程師參考外，並可作為研究所教科書。

筆者才疏學淺，雖廣泛蒐集資訊，但個人能力與資源有限，難以考量周全。未盡善美之處，不勝枚舉，尚祈學者專家指正。

本書承揚智文化事業有限公司葉忠賢先生鼎力支持，閻富萍小姐負責編輯與出版事宜，得以順利出版，謹在此向他們表示最大的謝意。

本書出版之時，適逢中央研究院院士葉玄博士（美國賓州大學前講

座教授、工學院院長、工研院能源研究所創所所長）百年壽誕。葉先生望
重士林，為連續體力學與磁流體動力學等領域的世界級大師，桃李滿天
下。筆者當年曾蒙　先生提拔，有幸追隨左右，推動能源研究與發展。謹
將本書獻給他老人家，以感激他知遇與教誨之恩。

張一岑

民國105年9月

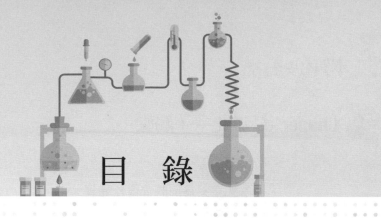

目　錄

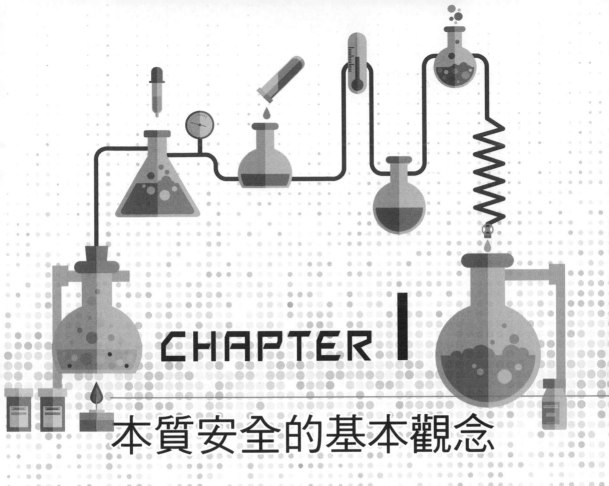

CHAPTER 1

本質安全的基本觀念

1.1 危害

危害（hazard）係指系統中可能造人員傷亡、財產損失、環境或生態破壞的潛在因素，例如危害性物質、危害性條件、能量等。危害性物質為易燃性、不穩定、易分解、毒性、反應性或對於雜質、溫度、壓力、濃度或酸鹼度敏感的物質。危害性條件為高溫或高壓的操作條件。

危害可分為物理、化學、生物與人因等四大類：

1. 物理危害：能量所造成的財物損失與人員傷亡，包括運動、機械、電、熱、壓力、輻射等。
2. 化學危害：物質的化學特性或反應所造成的危害，例如腐蝕、易燃、爆炸、毒性或物質間的化學反應所造成燃燒、窒息、中毒、癌症、生育不良等。
3. 生物危害：自然界生物性因子如病毒、細菌或生物經空氣、針頭、唾液、食物或皮膚接觸等途徑，對人體所造成的危害。
4. 人因危害：工作場所或家居環境中，因姿勢不良、肌肉使用不當、過度疲勞或工作壓力對人的心理與生理所造成的危害。

1.2 安全與風險

安全（safety）是一個既明確卻又模糊的名詞，因為沒有人不知道它的意義，但是卻很難以一兩句簡單的句子界定它。就某種程度而言，安全只是個價值判斷；例如台灣有很多人不敢吃美國牛肉，因為媒體曾經報導過有幾條美國牛得過狂牛症，但是他們卻整天騎著機車上下班。依據統計，美國每年吃掉150萬噸美國牛肉，從未聽說有人吃牛肉死亡過。台灣約有1,500萬輛機車，過去十年間，平均每年死於機車車禍者約1,500人。

換句話說，每年每位機車騎士的死亡率高達萬分之一，名列世界第一。然而，很多餐廳會特別聲明「本店不使用美國牛肉」，但幾乎沒有人說他不騎機車。對絕大多數的百姓而言，安全與否只是個人主觀的感覺而已，沒有絕對的標準。

安全與風險（risk）往往相提並論，有安全就是沒有風險，有風險就不安全。然而，究竟何謂風險呢？《美國傳統字典》（*American Heritage Dictionary*）將風險界定為「遭受傷害或損失的可能性」。維基百科將它定義為「事件發生與否的不確定性」。風險的科學定義為「發生事故的可能性與後果的組合（乘積）」：

風險＝可能性×後果 　　　　　　　　　　　　　　　　（1-1）

公式（1-1）中，可能性為發生的機率或頻率，而後果則為意外事故所造成的人員傷亡數目或財產損失的金額。

整合以上的定義，風險可以用下列詞句說明：

1.不確定性（機率或頻率）與損害的組合。
2.危害對於安全防範的比例。
3.意外發生的機率與後果的乘積。

由於安全與否無法量測，因此，風險便成了量測安全程度的指標。

由於風險經常應用於意外或損失，一般人往往忌諱這個辭彙。然而，以購買樂透、六合彩或彩券來解釋意外或風險，就比較容易接受。如果以獎金金額取代損失後果，中獎的可能性與獎金的乘積就是期望值或是彩券的平均價值。假設獎金為2,000萬元，每張彩券50元，中獎的機率只有百萬分之一時，每張彩券的期望值或平均價值為2,000萬乘以百萬分之一，等於20元。

任何一個活動的風險性依參與者的意願，可分為自發（自願）與

非自發（被動）性等兩種。自發性風險為參與者主動或自願從事的活動（如飆車、吸菸、攀爬岩壁、划獨木舟等）的相關風險；非自願風險則為天災、人禍、環境汙染、火災、爆炸等外界所造成的風險。一般人為了滿足個人的欲望或利益需求，願意冒較高的風險去從事他們所愛好的活動，但是卻不願意接受與他個人利益或興趣無關的經濟活動所可能帶來的風險。**表1-1**列出自發性與非自發性活動的致命風險。

1.3 本質安全概念

本質安全的概念緣起於英國工程師克萊茲氏（Trevor Kletz）於1978年所發表的論文「What you don't have, can't leak」中的理念[2]：

「製程設計應以消除或降低危害，而不是以控制危害為原則。」

此原則與俗語「有得必有失」或佛家所謂的「本來無一物，何處惹塵埃」的意義類似。最初，克萊茲使用intrinsic safety，後來為了避免與防爆電機工程用語混淆，而改用inherent safety。1991年，克萊茲在他所出版的《安全工廠設計》（*Plant Design for Safety-A User-Friendly Approach*, Hemisphere, New York）中，提出設計概念與技巧。

1.4 安全工廠

任何意外事故的發生都是由人為或機械性失誤所造成的，如欲降低系統或環境中的風險，首先應從減少危害因子著手，將工作或家居場所轉換為一個友善的環境。換句話說，就是設計如3C消費產品所謂的「對使用者友善」（user friendly）的程序。一個對使用者友善的程序不僅容易控制，而且引發失誤的機率低。即使發生失誤，也可將危害性物質與所產

表1-1　非工業性活動的致命風險[1]

活動	致命意外率（FAR） （死亡次數／10^8時）	致命機率 （平均每年每人致命率）
自發性活動		
1.居家	3	
2.乘坐交通工具		
公共汽車	3	
火車	5	
小汽車	57	17×10^{-5}
自行車	96	
飛機	240	
摩托車	660	
3.戶外運動		
打美式足球	-	4×10^{-5}
獨木舟	1,000	
攀爬岩壁	4,000	4×10^{-5}
4.吃避孕丸	-	2×10^{-5}
5.抽菸（每天一包）	-	500×10^{-5}
非自發性活動		
被隕石擊中		6×10^{-11}
被雷擊中（英國）		1×10^{-7}
失火		150×10^{-7}
被車輛撞到		600×10^{-7}
核能電廠的輻射外洩 （1公里）（英國）		1×10^{-7}
飛機失事（英國）		0.2×10^{-7}
壓力容器爆炸（美國）		0.5×10^{-7}
潮水漲出堤防（荷蘭）		1×10^{-7}
白血病		800×10^{-7}

生的後果圍堵在安全範圍之內，不致於引發可怕的災難。

　　一個工業製程或工廠是否友善，可以應用下列幾個項目來衡量：

1. 危害性物質使用的類別與數量。
2. 技術可靠度與複雜性。
3. 材質與設備的選擇是否適當。
4. 操作條件（溫度、壓力、濃度、酸鹼度等）。
5. 廠址與設備布置。
6. 安全防護設施。

　　凡是危害性物質使用量低、化學反應緩和、處理步驟簡單、設備材質足以承受反應失常或失控所產生的過壓與溫度，同時又具備足夠的防火防爆設施的生產工廠，不僅對操作者的友善度高，而且也易於操作。**表1-2**列出友善與不友善工廠的比較，以供參考。

🧪 1.5 製程安全概念

　　安全可分為內在安全與外在安全等兩種層次；內在安全又稱本質安全，其設計理念為改善製程本質中的缺陷，直接去除製程中的危害因子與可能引發危險的設備；外在安全為與防範、緩和或圍堵危害所造成的後果。在製程的企劃與流程設計階段，加強內在安全的機會很多；但是，隨著工程設計的進行，內在安全的機會愈來愈少。到了興建與操作階段時，由於既有環境與設計上的限制，改善機會更低，只能加強外在安全設施，難以增加內在安全程度（**圖1-1**）。因此，理想的安全設計理念是直接去除或降低製程中的危害因子，以增加製程本質的安全程度，儘量避免應用軟體（行政管理或控制）或硬體（防範或保護設施）方式，以降低風險。

　　提升製程安全的基本步驟如**圖1-2**所顯示，可分為下列四個步驟：

表1-2　友善與不友善工廠的比較[2]

項目	友善（安全）	不友善（危險）
危害物質的使用量	少	多
危害物質的儲存量	最少量	多
製程複雜度	簡單	複雜
製程可靠度	高	低
操作經驗	多	少
地點	遠離人口稠密地區 無地震、颱風等天災威脅	在都市附近 有天災威脅
設備間距離	安全距離	未考慮
設計標準	嚴格	標準不一
操作條件	溫和	高溫、高壓
反應速率	緩和	快速、劇烈
設備與管線設計	可承受反應失控或設備失常的溫度與壓力	依賴安全疏解系統
反應器型式	連續	批式
流體驅動方式	重力	幫浦或氣動
易燃物質處理區域	露天	密閉
儲槽接縫強度	弱	強
壓縮機閥	無法相互替換	可相互替換
控制應變反應	平緩	快速、劇烈
溫度變化的影響	溫度升高會造成反應停頓	溫度升高會造成反應失控
安全防範設施	足夠	過多或缺乏

1.危害辨識。

2.避免與去除危害。

3.控制危害。

4.緩和或圍堵危害。

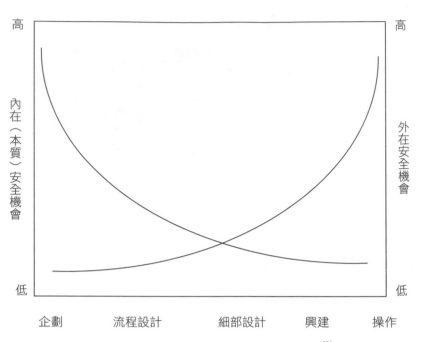

高　　　　　　　　　　　　　　　　　　高

內在（本質）安全機會　　　　　　　外在安全機會

低　　　　　　　　　　　　　　　　　　低

企劃　　　流程設計　　　細部設計　　　興建　　　操作

圖1-1　安全設計機會與設計階段的關係[3]

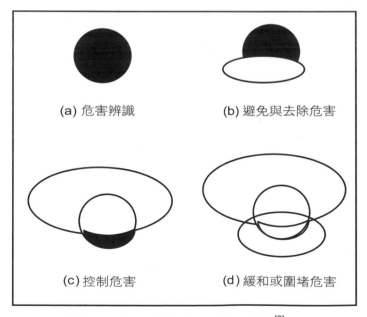

(a) 危害辨識　　　　　　(b) 避免與去除危害

(c) 控制危害　　　　　　(d) 緩和或圍堵危害

圖1-2　製程安全的四個基本步驟[3]

1.6 製程安全策略

生產製程的安全策略可分為本質性（inherent）、被動性（passive）、主動性（active）與程序性（procedural）等四種策略。前三種為工程控制，而最後一種為行政控制。本質性與被動性策略較後兩者可靠，但是執行一個完整的製程安全管理制度時，每種策略皆不可或缺[4]。

1.6.1　本質性

本質安全手段為改變生產製程，應用較安全的物質為原料在較和緩的條件下操作，以去除或減少危害。在此必須注意的是這些改變對於產品或製程而言，必須是完整的，而且不會輕易的被替換或淘汰。以水溶性塗料取代油溶性的塗料不僅可以降低環境中揮發性有機物的濃度，而且還可免於生產或使用時油溶性塗料所可能引發的火災、爆炸的風險，是一個典型本質安全改善的範例。

1.6.2　被動性

被動性的手段為應用製程或設備的設計特性等，以降低危害發生的可能性與後果；例如，在盛裝危害性物質的儲槽周圍，設置短堤，可將洩漏的危害性物質圍堵在內。

1.6.3　主動性

主動性的手段為應用程序控制系統、安全儀電系統或噴淋灑水裝置等，以控制危害。這些裝置設計的目的是感測與因應危害性的狀況，可以抑止意外後果的蔓延與擴大，卻無法防止火災的發生。

　　危害性物質儲槽皆安裝高液位連鎖系統，當儲槽內液位高時，此連鎖系統會自動將供應幫浦停機，並關閉供應閥，以免液體繼續進入槽內。儲槽區安裝灑水系統，當火災發生時，灑水系統會自動啟動、滅火。

1.6.4　程序性

　　程序性手段為標準作業程序（SOP）、安全規範與程序、緊急應變、員工安全訓練、安全管理制度等。對於高危害製程而言，程序性方法無法有效降低風險，因為人為可靠度不很穩定，而且對於緊急狀況的判斷與因應往往不夠迅速。

1.7 本質安全指標與評估方法

　　評估製程的本質安全的方法可分為指數法、INSET工具包與圖表法等三類[5, 6, 7, 8]。

1.7.1　指數法

　　本質安全原型指數（Prototype Index for Inherent Safety, PIIS）是1993年愛德華（D. W. Edwards）與勞倫斯（D. Lawrence）兩氏所發展，此指數使用八個評價參數（反應熱、易燃／易爆性、毒性等），分別評估化學品與製程路徑的安全度[13]。赫基拉氏（A. M. Heikkilä）以愛德華的方法與本質安全原理為基礎，不僅考量反應路徑，還將分離步驟考量在內；他使用十二個附指數（**表1-3**），結合成一個總本質安全指數（Inherent Safety Index, ISI）[9]。這兩種方法皆以陶氏公司的火災與爆炸指數（Dow Fire and Explosion Index）與卜內門公司（ICI）蒙德指數（Mond Index）

表1-3　本質安全指數[9]

化學本安指數（I_{CI}）	程序本安指數（I_{PI}）
反應危害附指數	**程序條件附指數**
1.主要反應的反應熱（I_{RM}）	8.存量（I_I）
2.次要反應的反應熱（I_{RS}）	9.溫度（I_T）
3.化學作用（I_{INT}）	10.壓力（I_P）
危害物質附指數	**程序系統附指數**
4.著火性（I_{FL}）	11.程序設備（I_{EQ}）
5.爆炸性（I_{EX}）	12.程序結構（I_{ST}）
6.毒性（I_{TOX}）	
7.腐蝕性（I_{COR}）	

*$I_{ISI}=I_{CI}+I_{PI}$

為基礎。Gentile等人應用模糊數學來進行參數賦值，使賦值變得較為客觀[10]。

　　Koller等人所提出的SHE評估方法，將SHE觀點細分成十一種指標[13]，如**表1-4**所示，其中有關安全方面的有五種指標，其相關特性列於**表1-5**中。評估方法可分成幾個步驟，首先將物質j的危害量（$PhysVal_{i,j}$）

表1-4　SHE觀點之危害性質指標[8, 13]

SHE觀點	指標類別
安全（Safety）	• 移動性（mobility） • 火災／爆炸性（fire/explosion） • 急毒性（acute toxicity） • 反應性／分解性（reaction/decomposition）
衛生（Health）	• 刺激性（irritation） • 致癌性（chronic toxicity）
環境（Environment）	• 水汙染性（water mediated effects） • 分解性（degradation） • 空氣汙染性（air mediated effects） • 固體廢棄物（solid waste） • 累積性（accumulation）

表1-5　安全指標

一、移動性（mobility）：係考慮物質可釋放到空氣中的相對量					
項次	性質	指數值（1-0.4-0）	說明	優先順序	備註
1	化學品分類	加壓_溶解_固 氣體 氣體 體	物質的揮發度	1	
2	Pi^0（bar）	10-0.01-0.0001	製程溫度純物質之分壓	2	
3	Dbp（℃）	...0_100_200	製程溫度與沸點溫度差	3	
4	Dmp（℃）	...0_200	製程溫度與溶點溫度差	4	
二、火災／爆炸性（fire/explosion）：係考慮與氧反應釋放的能量潛能					
(一)燃料					
項次	性質	指數值（1-0.5-0）	說明	優先順序	備註
1	Dfp（℃）	0-100-200	製程溫度與閃火點溫度差	1	
2	R-codes（EC）	10（0.75）,11,12,15,17, 18,30（1.0）	歐盟標準的風險分類	2	
3	NFPA-flame	4-3-2-1-0	NFPA危害分類	2	
(二)點火源					
1	log（I）（S/m）	-12_-10_0	電導度	1	
2	Dait（℃）	0-100-200	製程溫度與自燃溫度的差	1	
3	R-codes（EC）	7,8,9,17（1.0）	歐盟標準的風險分類	2	
(三)氧氣來源					
1	EC分類		歐盟標準的風險分類	2	
三、急毒性（acute toxicity）：空氣中立即危害濃度的汙染量					
項次	性質	指數值（1-0.5-0）	說明	優先順序	備註
1	ERPG（mg/m^3）	10-1000-100000	第三類緊急應變計畫準值	1	
2	IDLH（mg/m^3）	10-1000-100000	立即危險性	2	
3	R-codes（EC）		歐盟標準的風險分類	3	
4	LC50（mg/m^3）	0.5-2-20	吸入造成50%死亡率的濃度	4	
5	LD50（mg/m^3）	25-200-2000	口服造成50%死亡率的劑量	4	
6	LD50（mg/m^3）	50-400-4000	經由皮膚的半致死劑量	4	

（續）表1-5　安全指標

四、反應性／分解性（reaction/decomposition）：係指非預期或分解反應發生的可能性					

(一)熱穩定性

項次	性質	指數值（1-0.5-0）	說明	優先順序	備註
1	TMR_{ad}	1-24-96hr	至最大反應速率時間	1	
2	$DT_{decomp.}$	0-100-200℃	製程至分解溫度差	1	
3	R-codes（EC）		歐盟標準的風險分類	2	
4	substance		不穩定官能基種類	3	
5	oxygen balance	-120_-180_-240 +80_+120_+160	完全燃燒所需氧量	4	
6	$-DH_{decomp.}$	400-100-25kJ/mol	分解放熱能量	5	

(二)不相容性

項次	性質	指數值（1-0.5-0）	說明	優先順序	備註
7	不相容性	有－無	與他種物質之反應性	1	
8	NFPA-react	3, 4 – 2 - 1 - 0	NFPA危害分類	2	
9	R-codes（EC）		歐盟標準的風險分類	3	

(三)放熱反應

項次	性質	指數值（1-0.5-0）	說明	優先順序	備註
10	累積量	100-10-1（%）	反應物在進料過程的最大累積量	1	
11	反應	放熱-恆溫-無放熱	反應分類	2	
12	$-DH_{react.}$	200-50-12kJ/kg	反應放熱量	3	

(四)反應危害後果（reaction/decomposition）：（probable energy potential/probable adiabatic temperature rise）

項次	性質	DHpot值（2000-1000-0）kJ/kg	說明	優先順序	備註
1	$-DH_{decomp.}$	2000-1000-0	分解熱	1	
2	反應產物	毒性、可燃性-氣體-無	反應產物分類	1	
3	$-DH_{react.}$	2000-1000-0	反應熱	2	
4	NFPA-react		NAPA危害分類	3	
5	反應		反應種類	4	

轉換成0到1之間的危害指數（$IndVal_{i,j}$），下標i為**表1-4**中的各種效應，$PhysVal_{i,j}$可以是單位質量所能放出的能量、單位質量的體積或其他濃度單位等等，視狀況而定。轉換之後，$IndVal_{i,j}$的值即代表某一物質在某物理量下的危害性：0為無害，1則表示嚴重危害[19]。將上一步驟所得到的危險性質，$IndVal_{i,j}$，經由災難指數（$F_{i,j}$）的修正而得出有效危害特性（$EDP_{i,j}$）：$EDP_{i,j} = IndVal_{i,j} + F_{i,j}$。災難指數其值因不同效應而有不同，值域範圍在－0.8到＋0.5。再將$EDP_{i,j}$轉換到指數尺度，並乘上物質的質量即可得出某一效應的危害潛能（$PoD_{i,j}$）：

$$PoD_{i,j} = m_{i,j} * 10^{a_i * EDP_{i,j} - b_i}$$

當各種指標的危害潛能計算出後，即可知道製程裡所存在的風險，如果風險是可以接受的，即表示製程安全，符合法規要求。反之，則必須降低危害潛能的技術，改善改善效率為技術因子（$T_{i,j,k}$），應改善後的風險為剩餘危害潛能（$PoD_{i,j}$）。最後將製程裡所有物質的$PoD_{i,j}$依照各指標分類分別總合，即可算出某一效應的剩餘危害潛能[8]。

1.7.2　INSET工具包

INSET（INSIDE, Inherent SHE In Design）工具包是歐盟的本質安衛環所開發的綜合評價本質安全、健康和環境（ISHE）的手冊[12]。在這個手冊結合歐洲學術界的研究成果和工業界的經驗。它提出四個主要評價階段：合成路線的選擇、流程的詳細評價、流程設計的優化與整個工廠的設計，並針對不同階段提供了整體評價。它的彈性大，使用者可以根據需求，自行選擇相應的方法與工具，但是由於工具與方法眾多，開發的程度亦不相同，有些僅為初步階段。

INSET工具包應用流程圖如**圖1-3**至**圖1-6**所示，所需工具則列**表1-5**中。

1.7.3 圖表法

由於不同參數的附指數直接相加會造成誤差，而總指數法又涉及主觀因素，因此Gupta等人以圖表法衡量不同合成路徑的本質安全；他們將不同合成路徑的評價參數用圖表表示，再相互比較，以選出最符合本質安全的路徑[11]。

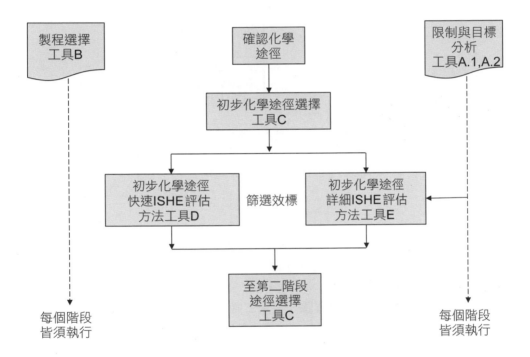

圖1-3　INSET應用流程圖──第一階段：化學途徑選擇[14]

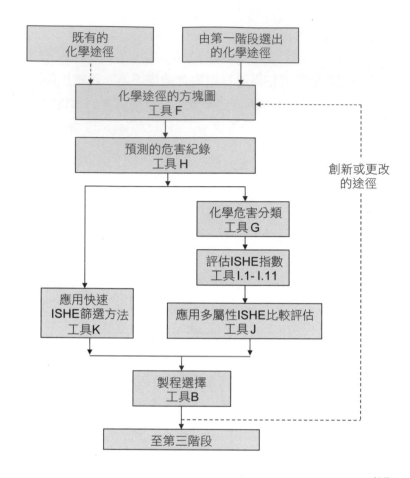

圖1-4　INSET應用流程圖──第二階段：化學途徑詳細評估[14]

1.8 結語

　　本質安全的基本概念為強調移除或減少製程中的危害因子，與傳統的外部安全設計理念不同。近二十年來，克萊茲、李斯（F. P. Lees）、英格龍（S. M. Englund）等人所倡導的本質安全的設計理念，已普遍為工程

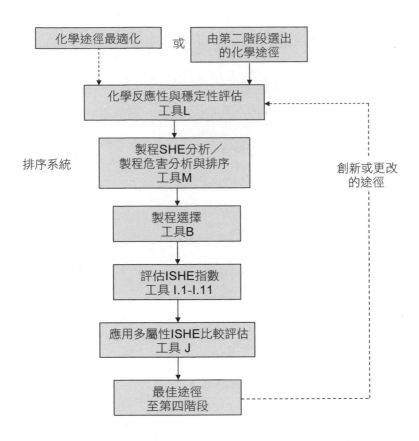

圖1-5　INSET應用流程圖──第三階段：製程設計最適化[14]

界所接受，且已融入設計過程中。經過危害辨識、避免或消除危害、控制危害、緩和、隔離與圍堵、處理危害等手段，再應用本質安全評估方法與指標，除了可將製程中的危害與風險降至最低，且可降低成本。

本質較安全設計

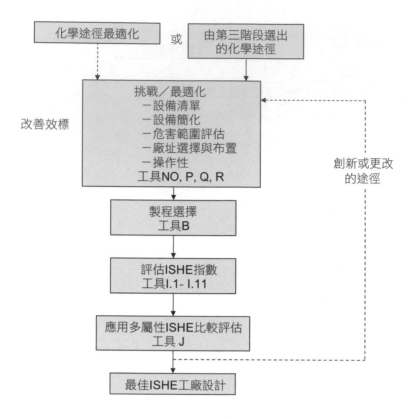

圖1-6 INSET應用流程圖──第四階段：工廠設計[14]

表1-5　INSET應用流程圖中所使用的工具名稱與目的

工具	名稱與目的
A.1	詳細限制分析——界定專案的限制與範圍
A.2	詳細目標分析——界定專案的目的與目標
B	製程選擇（含製程減廢指引）——挑戰化學途徑與替代製程方案
C	初步化學途徑紀錄——保留所有替代方案的資訊
D	初步化學途徑詳細ISHE評估方法——提供快速評估方法
E	初步化學途徑詳細ISHE評估方法——詳細評估替代化學路徑方案
F	化學途徑方塊圖——提供所有替代方案的概觀
G	化學危害分類方法——提供一種簡單的物質危害分類方法
H	可預測危害紀錄——辨識危害
I.1	火災與爆炸危害指數
I.2	劇烈毒性危害指數
I.3	健康危害指數
I.4	劇烈環境意外指數
I.5	輸送危害指數
I.6	氣體排放指數
I.7	水排放指數
I.8	固體廢棄物指數
I.9	能源消費指數
I.10	反應危害指數
I.11	製程複雜度指數
J	多屬性ISHE比較評估
K	快速ISHE篩選方法
L	化學反應性與穩定性評估
M	製程SHE危害與排序評估
N	設備容量功能分析方法
O	設備簡化指引
P	氣體排放危害範圍
Q	廠址選擇與布置——挑戰廠址選擇的基礎
R	操作運轉設計——提供簡易備忘錄或檢驗表

註：ISHE：本質安全、健康、環境

參考文獻

1. Lees, F. P. (1986). *Loss Prevention in the Process Industries*. Butterworths, London, UK.

2. Kletz, T. A. (1978). What you don't have, can't leak. *Chemistry and Industry*, May 6, 287-292.

3. Greenberg, H., Cramer, J. J. (1991). *Risk Assessment and Risk Management for the Chemical Process Industry*. Stone Webster Engineering Corp.

4. Hendershot, D. C. (2011). Inherently safer design: An overview of key elements. *Professional Safety*, Februay, 48-55.

5. 徐文莉（2006）。〈談本質安全及其評價方法〉。安全文化網。

6. 李全、林木榮、劉維義（2001）。〈本質安全指數設計法〉。《化工》，48(4)，頁53-71。

7. Abedi, P. and Shahriari, M. (2005). Inherent safety evaluation in process plants-A comparison of methodologies. *Central European Journal of Chemistry, 3*(4), 756-779.

8. 胡冠華、高振山（2001）。〈化工本質較安全設計──化學危害分析與路徑選擇〉。《化工》，48(4)，頁40-52。

9. Heikkilä, A. M. (1999). Inherent safety design in process plant design: An index-based approach, Ph. D. Thesis, Helsinki University of Technology, Helsinki.

10. Gentile, M., Rogers, W. J. and Mannan, M. S. (2003). Development of an inherent safety index based on fuzzy logic. *AIChE Journal, 49*(4), 959-968.

11. Gupta, J. P. and Edwards, D. W. (2003). A simple graphical method for measuring inherent safety. *Journal of Hazardous Materials, 104*, 15-30.

12. Mansfield, D., Clark, J., Malmen, Y., Shabel, J., Rogers, R., Suokas, E., Turney, R., Ellis, G., van Steen, J., Verwoerd, M. (2001). *The INSET Toolkit*. AEA Technology, Eutech Engineering Solutions, INBUREX, Agro, TNO, VTT Marufacturing Technology.

13. Koller, G., Fischer, U., Hungerbuhler, K. (2001). Comparison of methods suitable for assessing the hazard potential of chemical processes during early design phases. Trans *IchemE, 79*, Part B, 159-166.

14.AEA Technology, Eutech Engineering Solutions, INBUREX, Kemira Agro, TNO, VTT Manufacturing Technology (2001). *The INSET Toolkit: INherent SHE Evaluation Tool, Volumes 1 and 2-The Full Toolkit*, November.

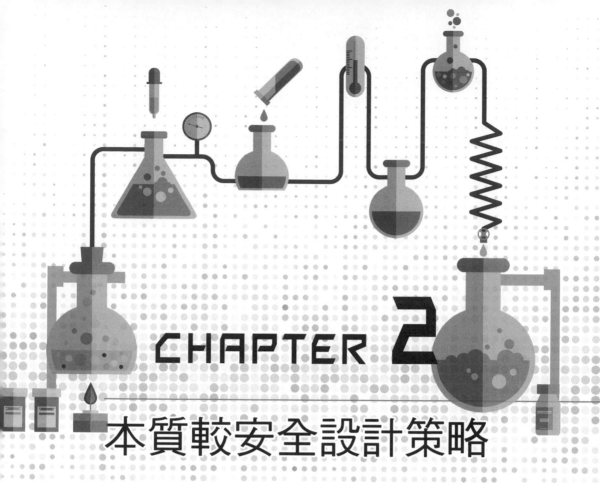

CHAPTER 2

本質較安全設計策略

🧪 2.1 前言

　　本質安全或本質較安全的設計理念始於1970年代。1974年，英國傅立克斯堡（Flixborough, UK）人纖原料工廠發生爆炸，大火燃燒十日之久。此意外事件造成28人死亡，36人受傷，並波及附近社區，損壞1,821棟房屋與167間商店，財產損失高達4億美元。傅立克斯堡事件發生後，震驚整個英國，促使英國政府與產業界開始重視製程安全。

　　英國卜內門化學公司（Imperial Chemical Industries, ICI）的資深安全顧問克萊茲曾經對於生產工廠中儲存大量的危害性物質與在高溫、高壓的條件下運轉的作法，抱持著懷疑的態度。他建議工業界應該重新調整風險管理的作法，與其應用外在的安全系統與行政管理步驟，以降低風險，不如由發現危害、去除與避免危害著手。1978年，克萊茲於在「What you don't have, can't leak」的論文中， 提出他的安全設計理念[1]：

　　「製程設計應以消除或降低危害，而不是以控制危害為原則。」

　　此原則與俗語「有得必有失」或佛家所謂的「本來無一物、何處惹塵埃」的意思類似。

　　製程安全設計是以提升本質安全為目標，弔詭的是真正的本質安全卻是無法達到的。「沒有就不會洩漏」（What you don't have, can't leak），自然非常安全；但是沒有行動，既無生產也無成果，最後卻是虛無。從另一個角度來看，任何生產行動， 都有潛在的危害存在，都可能引發意外事故。由本質安全的角度而言，沒有任何一項設計是絕對安全的；因此，任何一項安全設計只能在本質上較其他設計安全而已，並無法達到絕對安全的地步。

　　1990年，克萊茲在他所出版的《安全工廠設計》中，提出設計概念與策略。此後，本質安全或本質較安全設計的設計理念開始在化工界發酵。1996年，美國化學工程師學會的化學製程安全中心出版《本質較安

全化學製程：生命週期的途徑》（*Inherently Safer Chemical Processes: A Life Cycle Approach*），將相關工業案例彙總於內[2]。2009年，化學製程安全中心將第一版出版後的相關發展彙總於第二版中。目前，「本質較安全設計」理念不僅普遍為製程設計工程師所接受，而且還奉為圭臬。

2.2 定義

　　「本質較安全設計」是一種製程安全的設計理念，它主張設計者應該以「去除或減少製程中的危害」作為風險管理的手段。這種設計理念與傳統的理念完全不同。傳統的理念是從不探討現有製程中是否有危害存在，只是應用工程與行政管理手段控制或降低系統中的風險。換句話說，傳統的作法是增加外在的安全設施，並沒有提升系統本質上的安全程度。1970年代時，傳統的理念開始受到挑戰。傅立克斯堡意外發生後，英國政府不僅深入調查事件發生的原因及其後果，並組織了一個重大危害顧問委員會（Advising Committee on Major Hazards, ACMH），全面檢討工業危害，發表了三個影響深遠的報告，提出鑑定、認知、去除／降低與評估等四個控制工業危害的原則，並列入法規之中。目前，這四個原則不僅普遍為工業界所接受，而且為工業化國家制定於法規之中。

　　「本質較安全設計」是一種反覆式的過程，包括如**圖1-2**所顯示的危害辨識、避免與去除危害、控制危害、緩和或圍堵危害等四個步驟。當一個技術被認為「本質較安全」時，僅表示針對某一個或某幾個特定的危害或範圍而言，它比其他相關技術較為安全而已，但是並不表示它的安全程度可以被社會大眾所接受。

🧪 2.3 設計策略

2.3.1 克萊茲策略

克萊茲於1990年所提出的如何設計友善工廠的策略共有十一項[2]：

1. 強化（intensification）：消除或減少危害。
2. 取代（substitution）：應用較安全或危害性較低的物質或製程，取代危害性較高的物質或製程。
3. 調節（attenuation）：調節危害性物質儲存或反應的條件，以降低風險。
4. 侷限或圍堵效應（limitation on effects）：將可能發生的意外後果與效應侷限於易於控制的範圍內。
5. 簡化（simplification）：降低製程的複雜度與去除不必要的設備與裝置。
6. 避免撞擊或骨牌效應（avoiding knock-on effects）。
7. 去除安裝錯誤的可能性（making incorrect assembly impossible）。
8. 顯示狀態明晰（making status clear）。
9. 容錯（tolerence）對於設備失常或人為失誤的容忍度高。
10. 易於控制（ease of control）。
11. 友善軟體（software）：設計規範、教育訓練、標準作業程序等易於閱讀、學習與使用。

設計策略與友善工廠的關係顯示於**表2-1**中。

表2-1　設計策略與友善工廠的關係[2]

策略	友善	不友善
強化		
反應器	攪拌良好	攪拌不良
	高轉化率	低轉化率
	內部冷卻	外部冷卻
	氣態	液態
	管式	槽式
硝化甘油生產	NAB製程	批式
蒸餾	超重力技術	傳統蒸餾塔
熱傳導	微熱交換器	傳統殼管式
暫時儲存數量	少或無	多
取代		
熱媒	不可燃	可燃
溶劑	不可燃	可燃
氯氣生產	薄膜電池	水銀與石棉電池
調節		
液化氣體儲存	冷凍	高壓
爆炸性粉末	泥漿	乾燥
失控反應	稀釋	保持原狀
任何物質	氣態	液態
侷限或圍堵效應		
墊圈	螺旋狀	纖維狀
爆破盤	一般	倒扣式
儲槽短堤	面積小、深	面積大、淺
批式反應	多槽	單槽
能量需求	有限	高
簡化		
	避免危害	加裝設備以控制危害
	單一渠道	多渠道
	單功能工廠	多功能工廠
	一個大工廠	眾多小工廠
備料	未安裝	安裝
規範	彈性	嚴格遵守
設備	能承受壓力與溫度	必須安裝疏解閥
	單一功能	多功能工廠
流動	重力	依靠幫浦

（續）表2-1　設計策略與友善工廠的關係[2]

避免撞擊或骨牌效應		
儲槽頂部	接合脆弱	接合強
水平圓筒	指向遠離其他設備	指向其他設備
去除安裝錯誤的可能性		
	具上升軸或固定	沒有上升軸地閥件
	把手的球閥	
加水至油的裝置	無法向上游流動	可向上游流動
顯示狀態明晰		
盲封裝置	8字形盲板	鏟狀
	（figure 8 plate）	
容錯	連續式生產	批式生產
	膨脹回路	管狀元件
	固定管件	軟管
	金屬	玻璃、塑膠
	螺栓接頭	快速釋放的結合
	具關節的機械手臂	軟管
易於控制		
對變化的反應	平緩	急陡
	慢	快
負溫度係數	僅應用於溫度上升	應用於絕大多數製程
	時即停機的製程中	
友善軟體		
失誤易於偵測與	部分可程式電子	部分可程式電子
校正	系統	系統
教育訓練	部分	大多數
墊圈、螺栓等	部分備料	大多數

2.3.2　美國化學工程師學會策略

　　2009年，美國化學工程師學會所屬的化學製程安全中心重新編撰《本質較安全化學製程：生命週期的途徑》（*Inherently Safer Chemical Processes: A Life Cycle Approach*），除了增添初版發行後的產業界與學術界所發表的新資訊與經驗外，並將所有的設計策略區分為「最小化」（minimization）、「取代」（substitution）、「調節」（moderation）與

「簡化」（simplification）等四大類[3]：

1.最小化：應用較少量的危害性物質或減少在危害性條件下操作的設備體積。

2.取代：應用危害性較低的物質或製程，取代既有的危害性較高的物質與製程。

3.調節：以稀釋、淡化、冷凍或較和緩的條件執行任務。

4.簡化：去除不必要的設備、簡化操作步驟、設計友善生產製程等。

　　最小化的字面上意思是將生產製程中所可能造成危害的因素，如危害性物質的數量、能量與設備的體積及數量盡可能地降低，以提升製程的安全程度。換句話說就是以輕、薄、短、小為改善製程的策略。

　　由二十世紀末其所發生的重大工業意外事故可知，在生產場所儲存大量危害性的原料往往是造成意外後果無法有效控制的主要原因。因此降低危害性物質的儲存量是初期改善製程安全的最有效的方法之一。英美先進國家的環境保護與職業安全機構早自1970年代起，即訂定危害性物質的儲存量的上限，以降低意外發生後所造成的災害散布與擴大效應。目前世界上絕大多數的大規模生產場所皆已遵循國際公認的標準；然而，降低危害性物質的儲存量僅是最小化的第一步而已，製程中仍然還存在更多與更大的改善空間，值得深入探討。

　　美國化學工程師學會第四大策略其實與克萊茲的策略大致相同。美國化學工程師學會選用「最小化」以取代克萊茲的「強化」，可能是避免與過去二十年以來化學工業界所積極推動的「製程強化」混淆。然而，任何人仔細探討製程強化的內容與發展後，就會發現安全雖然不一定是「製程強化」的首要目標，但是製程強化的成果通常包括降低風險在內。

　　在任何生產製程中，原料必須先經過運輸、暫時儲存、不同的處理程序與大量的能量需求下，才能轉化成所需的產品。生產一噸的產品不僅

需要幾噸的原料，而且會產生大量的廢氣、廢水與廢棄物。如果能提高生產製程的轉化率或生產力，不僅可以降低單位重量產品所需的原料、能量與成本，還可降低風險。如欲大幅提升生產製程的安全程度，應該由製程本質上著手，才可達到事半功倍的最終目標。早在1978年，英國工安專家克萊茲氏，即已提出製程強化的構想，以強化製程達到提升安全程度的手段。

製程強化的基本觀念是應用較小規模的設備以達到相同的生產量或效率；例如應用創新型或袖珍型反應器、高效率混合裝置、高表面積熱交換器、多功能反應器、製程單元整合、替代能量如超音波、微波或太陽能應用等。由於在不影響產能或效率的條件下，製程單元設備的體積得以大幅降低，因此不僅建廠成本大幅減少，所儲存的危害性物質與所可能引發的危害與風險程度也隨之降低。製程強化是以製程的生產力或效率為目標，而不一定以安全為主要的目標，但是由於生產力或效率的大幅提升，而間接地降低了危害因素的數量或風險程度。換句話說，製程強化是積極的提升安全程度，而非消極的降低風險罷了。

由字面意義而言，「強化」具有積極的意義，而「最小化」卻僅具消極的意義。本書將採用克萊茲的「強化」以取代「最小化」，並且將其分為五個部分，分別列於第三章至第七章中：

1.第三章強化一：觸媒。

2.第四章強化二：單元設備。

3.第五章強化三：替代能源。

4.第六章強化四：反應器。

5.第七章強化五：製程單元整合。

其餘如取代、調節與簡化等，則分別列入第八、九與十章中。

🧪2.4 實踐方式

　　「本質較安全」設計理念適用於生產製程的生命週期中任何一個階段，只是每個階段的機會與選擇不同而已。雖然最易於實現「本質較安全」的理念階段是在產品或製程的研究發展階段，因為在研發初期，可以從產品的特性與基本化學反應開始規劃；然而，並不表示在設計、採購／建廠與操作階段，沒有可以突破的機會。不可諱言的，「本質較安全」設計的機會隨著工程專案的執行而降低（**圖2-1**）。

　　圖2-2顯示一個生產製程的生命週期中，本質較安全設計的執行迴路。本質製程安全檢核表列於**附錄**，以供設計者參考。

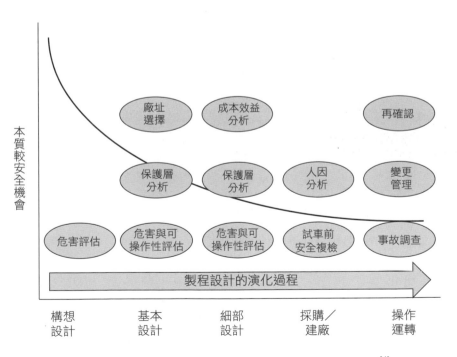

圖2-1　**製程設計演化過程中本質較安全設計的機會**[4]

2.4.1 構想設計

由於管線與儀電部分的細部設計尚未開始，加強本質安全的機會最多。與製程相關的本質安全的機會可經由「危害評估」發現出來。在此階段，強化與取代的機會最多，但是並不表示沒有調節或簡化的可能。此階段的本質較安全設計的機會如下：

一、強化（最小化）

1.減少危害性原料、中間產品與產品的儲存數量。
2.減少設備體積。
3.減少管線長度。

二、取代

1.應用危害性較低的化學反應。
2.應用低揮發性溶劑。
3.應用危害性較低的熱媒。
4.應用危害性較低的液態物質取代危害性較高的氣態物質。
5.應用濃度較低的物質。

三、調節

1.應用可在較低溫度與壓力下有效操作的觸媒。
2.應用在較溫和條件下進行的化學反應。

四、簡化

1.去除不必要的步驟。
2.應用副產品產生量較低與可以降低純化步驟的觸媒。

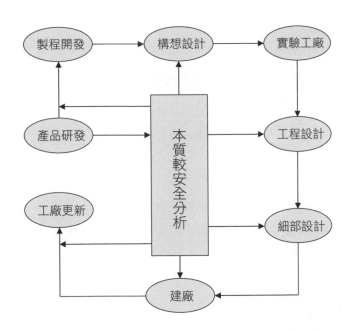

圖2-2　生產製程的生命週期中，本質較安全設計的執行方式[3]

2.4.2　基本設計

　　基本設計階段的任務是提供可行性研究與成本效益評估所需的資訊，如流程圖（PFD）、質能平衡、管線與儀電圖（P&ID）、基本設備規範、公共設施需求等。此階段最主要的安全決策工具為「危害與可操作性分析」（Hazard and Operability Analysis, HAZOP）與「保護層分析」（Layers of Protection Analysis, LOPA）。廠址選擇與設備布置的資訊也應包括在內。

　　此階段的本質較安全的設計機會如下：

一、調節

　　1.降低壓力。

2.降低溫度。

3.冷凍儲存。

4.侷限點火源、將點火源遠離可燃性物質儲存區。

5.加強建築物的結構，以承擔爆炸壓力。

6.在生產單元之間設置緩衝區、二級圍堵、防火牆、擋板等。

二、簡化

1.盡可能應用重力或壓力差，以輸送流體。

2.即時需求生產高危害性物質，以避免應用儲槽儲存。

三、強化

1.減少中間體儲存與處理設備的體積。

2.應用危害性較低的物質。

2.4.3 細部設計

此階段最主要的本質較安全設計機會為簡化，例如應用結構較強的材料，以取代外加的控制儀表與裝置。發現本質較安全機會的最主要工具為「危害與可操作性分析」、「保護層分析」與成本效益分析。「保護層分析」專注於「安全儀表化系統」（Safety Instrumented System, SIS）的「安全整體性等級」（Safety Integrity Level, SIL）需求目標。成本效益分析則是用來比較「本質較安全」設計的改善與外加安全控制系統的效益、成本與得失，作為提升本質安全的依據。此階段的機會如下[4]：

一、簡化

1.應用較高額定壓力的設備。

2.應用纏繞式與彈性的石墨材質的墊圈。

3. 應用双端面機械密封（double mechanical seals）、橫隔膜幫浦
（diaphragm pump）、噴射器（eductor）、無縫幫浦（sealless
pump）。

4. 設計高真空桶槽。

5. 選擇可以承受腐蝕與磨蝕的材料。

6. 設計可承受滿載時最大液壓的設備。

7. 選擇可承受殼側或管側最大壓力的熱交換器。

8. 以重力或壓差輸送流體。

二、強化

1. 盡可能應用小管徑的管線。

2. 設備間管線的連接以最短距離為原則。

3. 盡可能減少熱交換器、暫存槽、蒸發器等設備中的容量。

三、調節

將危害性物質或設備設置於安全距離之外。

四、取代

降低的危害性物質的濃度。

2.4.4　採購／建廠

在採購／建廠階段時，所做的任何變更不僅昂貴，而且費時；因
此，除非不得已，儘量不做任何製程上的變更。然而，並不表示沒有加強
「本質較安全」的機會。此階段最主要的工具為「人因檢核表」與「試車
前的安全複檢」。有關「人因檢核表」與「試車前的安全複檢」的詳細內
容，請參閱參考文獻[5]與[6]。此階段的機會如下[4]：

一、簡化

1.降低儀電系統的複雜度，以避免資訊超載。

2.工作場所應提供足夠的照明與活動空間。

3.安裝閥件時，確保開啟或關閉的位置易於辨識。

4.將手動控制的設備設置在相關監測儀表的視線內。

5.應用易於閱讀或辨識的顯示裝置。

6.維持環境整潔。

7.應用與實際設備外型相同的顯示符號。

8.儀表顯示與控制板的排列與設計應具備邏輯性、一貫性與有效性。

9.確保元件的外型設計獨特，以防止錯誤連接。

二、強化

定時交貨。

三、取代

更新化學劑量系統，例如以氨水取代氨氣。

四、調節

限制點火源、將點火源遠離可燃性物質存放區域。

2.4.5 操作運轉

操作運轉階段的工具為「製程安全管理系統」（Process Safety Management System, PSM）與「職業安全衛生管理系統」（Occupational Safety and Health Management System, OSHMS 18000或TOSHMS）。工廠可執行「篩選式」或「細部」複檢方式，以發掘「本質較安全」的機會[7]：

　　篩選式的複檢的主要目的是辨識出可能產生重大利潤的主要製程改善。本質較安全篩選式複檢團隊應由具備製程技術、工程設計、研發、操作、程序控制與機械設備等專長的工程師組成，首先應用腦力激盪方式，發掘出主要的改善機會與相關危害，並且將可能導致的風險排序。如果發現重大的機會時，再進行更詳細的任務。

　　細部複檢是針對現有生產過程中有關日常操作模式與維修問題的改善，並確保生產工作的順利進行。團隊成員應包括參與生產、儀電、機械等任務的工程人員。進行細部複檢的導字與經常提出的問題為：

1.現有工廠中的問題？
2.防呆設計？
3.操作參數與狀態的顯示是否清晰？
4.失誤的容忍程度。
5.控制難易度。
6.動態穩定度？
7.增加參數監測頻率以提升安全程度？
8.設備或桶槽的改善是否能降低風險？

2.5 迷思與限制

　　「本質較安全」只是一種設計理念，並非萬能靈丹。工程團隊執行本質較安全設計時，經常會遭遇下列幾種迷思[8]：

迷思一：「本質較安全設計」會去除所有的危害

　　任何一個生產製程不可能沒有危害因子，除非它不存在。換句話說，只要有任何行動或任務的執行或產品的製造就一定存在某些永遠無法去除的危害。有時去除或減少某些危害因子，卻可能增加其他危害因子的

風險程度。例如在密閉的工作場所中將易燃性有機蒸氣收集至排放管線中，固然改善工作場所的室內空氣品質，降低員工的暴露風險，但是卻增加了管線中爆炸風險與排放系統的空氣汙染防制的負荷。任何一個小小的變更可能引發出其他的危害與增加另一個危害因子的風險；例如，潮濕的塑膠進入研磨機研磨後，塑膠中的水分逸出，無意中引發爆炸抑制系統，導致抑制火苗的氣體進入研磨機中，造成研磨機的爆炸[8]。另一個例子為一個裝置在儲槽上收集與處理毒性氰化鉀氣體的系統無意中造成儲槽氰化鉀的排放[8]。

迷思二：由於「本質較安全」技術是控制危害與降低風險的最佳技術，因此應該永遠應用此類技術

工程師執行任務時，固然要應該以改善「本質安全」為優先策略；然而，並不表示其他策略如「被動性」、「主動性」或「程序性」策略沒有存在的空間。有時為了社會需求或經濟考量，仍然必須應用其他策略。台灣每年騎機車的死亡人數高達一、兩千人，受傷者數以萬計。本質較安全的策略是廢除機車，然而，任何人都知道機車無法廢除，因為台灣有1,500萬輛機車，成年人幾乎人手一輛。社會大眾期望交通安全，但不願意放棄騎機車所帶來的自由與方便；因此，政府只能應用「宣導」與「管制」等行政手段。

迷思三：「本質較安全」設計僅適於研究發展與基本設計階段

研究發展與基本設計階段的「本質較安全」設計的機會眾多，因為製程中處理方式與設備功能尚未完全定案；然而，並不表示在細部設計、建廠或操作運轉過程中沒有改善本質安全的機會。降低工場內氯氣、光氣等高危害物質的儲存量或應用即時需求生產，可以大幅降低洩漏風險。

迷思四：操作人員對「本質較安全」的貢獻低

操作人員固然無法提出化學反應的替代途徑，但他們的現場操作經驗與對機械設備性能與功能的理解，確實可以協助解決在冷氣房中工作的設計工程師所意想不到的問題。他們的經驗亦可以作為研擬標準與安全作業程序的依據、發現可能導致人因失誤的機會與最適操作方式。

迷思五：任何一個特定的產品都有一種最佳的「本質較安全」的技術

「本質較安全」的最佳技術除了針對危害外，還可能視地點、環境因素與人口密度、國情與地區文化而定。如果土地價格與多寡不是問題時，平房自然比樓房易於使用與安全；然而，對於水患地區的居民而言樓房可能是較佳的選擇。郊區的房價便宜，環境品質較佳，但是如果沒有快捷的大眾運輸系統時，在市區上班的人如果搬到郊區去住時，就必須冒交通事故的風險，每天在高速公路上奔馳。

2.6 結語

「本質較安全」是一種設計理念，無論是設計工程師或操作人員皆應以此理念作為製程設計與改善現況的準則。「本質較安全」機會存在於生產製程的生命週期的任何一個階段，只不過此類機會在初期的產品研發與製程研擬的階段中較多而已。「本質較安全」的機會不僅針對某一個或某幾個危害而已，而且還可能引發其他危害或增加風險；因此，進行「本質較安全」設計時，必須全盤考慮，以免造成「挖東牆補西牆」或得不償失的後果。

參考文獻

1. Kletz, T. A. (1978). What you don't have, can't leak. *Chemistry and Industry*, May 6, 287-292.

2. Kletz, T. (1990). *Plant Design for Safety: A User Friendly Approach*. Hemisphere Publishing Corporation, New York.

3. CCPS (1996). *Inherently Safer Chemical Processes: A Life Cycle Approach*. American Institute of Chemical Engineers, New York.

4. Maher, S. T., Norton, K. D., Surmeili, S. (2012). Design inherently safer plant. *Chem. Eng. Progress*, January, 43-47.

5. Crowl, D. A. (2007). *Human Factors Methods for Improving Performance in the Process Industries*. CCPS, American Institute of Chemical Engineers, New York.

6. CCPS (2007). *Guidelines for Performing Effective Pre-Startup Safety Reviews*. American Institute of Chemical Engineers, New York.

7. Edwards, V. H., Chosnek, J. C. (2011). Making existing process plants inherently safer, 7th Golbal congress on process safety, AIChE Spring meeting, American Institute of Chemical Engineers, Chicago, Illinois, March 13-16.

8. Hendershot, D. C. (2011). Inherently safer design: An overview of key elements. *Professional Safety*, February, 48-55.

CHAPTER 3

強化一：觸媒

3.1 前言

　　「強化」製程的本質安全的最佳策略是降低危害性物質的使用量與設備或儲槽中的體積。由於化學反應是化工製程中最核心的單元，最有效的方法為應用低危害性的物質為原料，在和緩地操作條件下，以創新的反應路徑進行高轉化率的化學反應；然而，由產品的合成與開發階段一直演化至一個創新的化工製程的效益雖然很高，但是不僅需要大量的人力與經費，而且緩不濟急。因此，從加強本質安全的角度而言，重新尋找新的化學反應往往不合實際。較實際的方法為應用高性能或多功能的觸媒，以改變反應路徑或降低活化能量，達到增加反應速率或轉化率的效果。

　　觸媒又稱催化劑，是一種可在較和緩的溫度或壓力等條件下，誘導其他的物質產生化學反應或加速化學反應的速率，但不參與化學反應的物質。觸媒增加反應物的活性或改變反應途徑，以加速或促成化學反應。如圖3-1所顯示，沒有觸媒存在時，反應物X必須接受較高的活化能才能形成Y，但是有觸媒存在時，觸媒可以協助反應物X經由不同的路徑，僅需較低的活化能就能形成Y。

　　應用哈伯法將氮氣與氫氣轉化為氨氣是工業觸媒發展史中最著名的案例。從熱力學的觀點而言，此反應的最佳反應條件為高壓（400大氣壓）與較低的溫度（攝氏200度）；然而，在二十世紀初期，400大氣壓的壓縮機的製造技術尚未成熟，而在200度溫度下反應，轉化率低，僅20%；因此，早期在300～400大氣壓操作的工廠規模很小，每日僅能生產30噸的氨氣。鐵觸媒的應用不僅得以將反應在較低的壓力（120～180大氣壓）與較高的溫度（攝氏450～550度）下以較高的速率與轉化率（65%）進行，而且可將產量大幅提升100倍。

　　觸媒具有下列幾個特殊的功能：

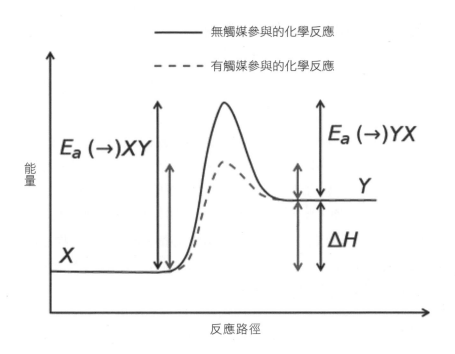

圖3-1　觸媒與化學反應路徑與能量的關係；圖中X、Y分別為反應物與形成物，Ea為活化能，ΔH為反應熱

1.選擇性佳：可以對症下藥，產生所要的化學反應。

2.增加反應速率：促使反應快速達到反應平衡所容許的最大轉化率。

3.表面積大：容許大量的反應物同時進行反應。

4.本身不會發生變化：反應後恢復原狀，可繼續催化後續的反應。

　　從表面的績效而言，應用高效能與多功能觸媒可以大幅提升產品的產率、選擇性與反應速率，與安全並無直接關係；然而，大幅提升反應速率與轉化率可以降低單位產品質量的反應停留時間、反應器的體積、反應物的數量與所產生的廢棄物，自然也大幅降低所可能引發的風險。因此，在本書中將多功能的觸媒歸類於「強化」的範圍內。

🧪 3.2 奈米級形狀選擇性觸媒

3.2.1 　沸石

　　由於觸媒內孔隙的結構會限制反應物與產品分子的通過，如果觸媒中大多數具有催化作用的位置皆在孔隙結構中時，反應物分子的體積與形狀直接影響化學反應的速率與產品。當某些物質的分子體積過大或形狀特殊，不易通過觸媒的孔隙時，此反應物參與反應的機率就大幅降低。當觸媒孔隙內表面所產生的部分物質無法由孔隙擴散出時，此產物在孔隙表面形成飽和現象，因此只有體積或形狀可以通過孔隙的物質才會大量地產生。沸石的蜂巢狀結構適於作為形狀選擇性觸媒的原料。

　　沸石（zeolites）是天然或人工製造的矽酸鈣，由三度空間的矽酸鹽的結構所組成，其中部分矽原子被鋁原子所取代。它具有下列特性：

1.具有可交換的陽離子，可用具催化作用的陽離子取代。
2.以氫取代陽離子時，會具有許多強酸的位置。
3.孔隙直徑低於1奈米。
4.孔隙大小不一。

　　當沸石被加熱後，沸石中的水化合物會被去除，原先被水分子所占據的空間形成直徑約260～740pm的孔隙，適於作為形狀選擇性觸媒的原料。孔隙的直徑與環狀結構中四面體（tetrahedron）的數量有關（**表3-1**），氨氣、氫、氧與氬氣的分子直徑小，可以通過所有的孔隙，A型分子篩的孔隙結構為立方體，足以讓烴類碳氫化合物通過。A型分子篩的單價陽離子如鈉、鉀等會占據部分空間，將孔隙直徑侷限於400pm之下，有機物分子無法通過。然而，兩價的陽離子只能占領每隔一個的陽離子位置，反而可以讓一般烴類碳氫化合物通過。由於分子振動的緣故，一般分子會以搖擺方式通過約比其直徑略小於50pm的孔隙[2]。

表3-1　沸石中孔隙直徑[2]

環狀結構中 四面體數量	最大空閒直徑 皮米（pm）	案例
6	280	
8	430	毛沸石（Erionite），A型
10	630	ZSM-5、鎂鹼沸石（Ferrierite）
12	800	L、Y型、發光沸石（Mordenite）
18	1,500	尚未發現

3.2.2　形狀選擇類別

形狀選擇觸媒視其孔徑所限制的物質可分為下列三種型式：

一、反應物選擇型

觸媒孔隙僅能讓部分分子體積或形狀的物質通過，但是無法讓其他分子體積較大或形狀特殊的物質通過而產生催化反應；因此觸媒對於參與反應的物質有所選擇。如**圖3-1**中所顯示，由於直鏈的庚烷可以通過孔隙，經觸媒的催化而裂解為丙烷與戊烷，而異庚烷無法通過，就不會產生裂解。毛沸石（Erionite）的孔洞大小與正辛烷相當，可以區別直鏈的正烴與非直鏈的異烴類。以毛沸石為觸媒，正己烷為反應物，在320℃溫度下的反應速率比以2-甲基戊烷為反應物在更高的430℃溫度下，還快50倍，就是一個顯明的例子。

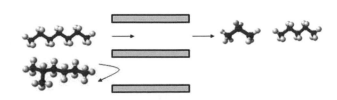

圖3-1　反應物選擇類型觸媒

二、產物選擇型

　　觸媒孔隙僅能讓部分產物分子體積或形狀的物質通過,但是無法讓其他分子體積較大或形狀特殊的產物通過而產生催化反應;因此觸媒對於產物有所選擇。如**圖3-2**中所顯示,雖然甲醇與苯作用,會產生對、鄰與間二甲苯等三種同份異構物,但是僅有對二甲苯可以通過孔隙而擴散出來,因此觸媒對產物的形成有所選擇。

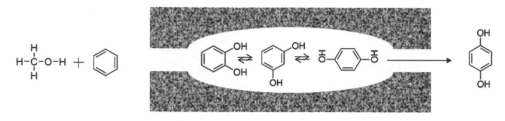

圖3-2　產物選擇類型觸媒

三、中間過渡物質選擇型

　　如**圖3-3**所顯示的間二甲苯的轉烴化(transalkylation)反應,由於可能導致1,3,5-三甲基苯(1,3,5-trimethylbenzene)的前驅中間過渡物質體積太大,無法在孔隙中形成,但卻可以容許形狀較為規則的1,3,4-三甲基苯的前驅物質,因此只會產生1,3,4-三甲基苯[2]。

3.2.3　應用範圍

　　形狀選擇性觸媒多應用於酸催化反應,例如異構化(isomerization)、裂解(cracking)、脫氫(dehydrogenation)等反應。由於直鏈的初級碳氫化合物易於通過觸媒中的孔隙,因此在此類觸媒的催化反應中,其反應速率遠較二級或三級碳氫化合物快。

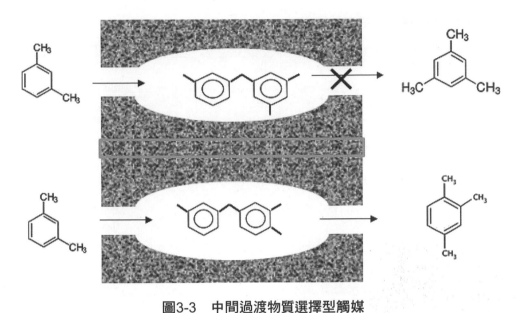

圖3-3　中間過渡物質選擇型觸媒

　　約束指標（Constraint Index, CI）是量測沸石觸媒的形狀選擇性的指標，可以反應孔隙的大小。美國美孚石油公司（Mobil Oil Corp.）將其界定為正己烷與2-甲基戊烷的轉化率的反應速率常數的比值：

$$CI = k_{正己烷} / k_{2-甲基戊烷} \qquad （3\text{-}1）$$

$k_{正己烷}$與$k_{2-甲基戊烷}$為反應常數。

由於反應為一次反應，因此公式（3-1）可以轉化為：

$$CI = （1 - \log X_{正己烷}） / （1 - \log X_{2-甲基戊烷}） \qquad （3\text{-}2）$$

$X_{正己烷}$與$X_{2-甲基戊烷}$為轉化分率。

表3-2列出不同沸石觸媒的約束指標。孔徑愈大，兩個分子都很容易通過，而甲基戊烷為二級烴，較直鏈的正己烷易於形成碳陽離子，反應速

表3-2 沸石觸媒的約束指標[3]

沸石	環原子數	約束指標
SSZ-13	8	100
毛沸石	8	38
ZSM-23	10	10.6
SSZ-20	10	6.9
ZSM-5	10	6.9
EU-1	10	3.7
ZSM-12	10	2.1
SSZ-31	12	0.9
LZY-82	12	0.4
CIT-5	14	0.4
SSZ-24	12	0.3
UTD-1	14	0.3

率較快,反應常數易較大,因此約束指標愈小:

CI<1:大孔隙(12原子環)

1<CI<12 :中孔隙(10原子環)

12>CI:小孔隙(8原子環)

3.2.4 優點

形狀選擇性觸媒的優點為:

1.雜質可被轉化為易於移除的小分子化合物或無害的物質。

2.雜質可以選擇性在分子篩表面上經燃燒後,產生一氧化碳或二氧化碳。

3.避免不想要反應或產品產生;例如ZSM-5觸媒限制二甲苯的轉烴化反應中某些中間過渡物質與焦炭的產生。

4.提升產物的選擇性。

5.降低焦炭的產生量。

6.形狀選擇控制：減少沸石結晶外表的活性部位可以改善觸媒的形狀
選擇特性，應用較大的分子或陽離子將活性部位中和[5, 6]與減少沸
石中鋁的含量[4]。

3.3 單層觸媒或反應器

3.3.1 結構

單層結構是由一個蜂巢狀或相互聯結纖維的單一材料製成、上含多
種相連或分離的圓形、方形或三角形通道的結構。單層反應器則為由多孔
性觸媒或觸媒塗裝的單層結構所充填而成。通道管壁具有催化化學反應功
能，而通道則允許氣、液體通過。目前工業與研究用的單層結構的骨架多
為金屬或陶瓷材料。陶瓷單層結構多由擠壓成型方式製造，而金屬單層多
成波浪狀（**圖3-4**）。金屬或陶瓷薄片間距離約0.05～0.3毫米，每平方釐
米約有30～200個基層單位。

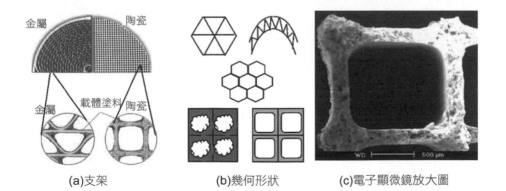

(a)支架　　　　　(b)幾何形狀　　　　(c)電子顯微鏡放大圖

圖3-4　單層反應器結構

　　早在1970年代中期，汽車工業即應用單層反應器去除引擎排氣中的氮氧化物、一氧化碳與碳氫化合物。汽車觸媒轉化器基材是由合成董青石（cordierite）所製成。董青石的分子式為2MgO2Al₂O₃5SiO₂，是一種熱膨脹係數低的材料。由於它的晶相具有高度非等向性（anisotropic），當它受熱後，在不同方向的膨脹係數亦不相同；因此受到擠壓後，會改變方向[7]。合成董青石已普遍作為柴油粒狀物過濾器、固定汙染源控制、木爐燃燒器、室內空氣純化、工業廢熱回收、水過濾、超濾等基材[7]。

　　荷蘭史蒂梅特氏（Charl Stemmet）在BASF、DSM、LUMMUS、Shell等公司資助下，曾應用高孔率的固體泡棉（空隙率97%）作為觸媒支架。由於比表面積大，氣體與液體間質傳速率高，反應器生產效率亦高。在相同的氣液流通量與生產速率下，以泡棉為支架的觸媒床的高度雖為傳統觸媒填料床的1.5倍，但是其能源效率卻高出10倍之多[8]。

　　葡萄牙里斯本科技大學的研究群曾將銅鉑觸媒塗布在由高孔隙（孔隙率90±2%）青董石所製造的泡棉結構上，然後應用於含甲苯的汙染氣體的焚化上。他們發現由於泡棉孔隙中氣體的混合與亂流效果比以傳統單層青董石為支架的效果佳，可將燃燒溫度降低攝氏10度左右[9]。

　　圖3-5顯示各種不同填料或觸媒支架的比表面積與孔隙度的關係比較，其中固態泡棉與單層支架的孔隙率與比表面積遠超過傳統的散堆或結構填料。

3.3.2　流動方式

單層觸媒反應器內的流體有下列五種方式[11]：

1. 薄膜流動：液體流速低於10毫米／秒下時，液體沿管壁向下流動，氣體由管中向上流動。

2. 泡沫流動：當氣液比例小時，氣體以氣泡型式在液體中向上流動。

3. 泰勒流動：或稱為栓塞、段塞、團狀或間歇流動，係以橫越管中的

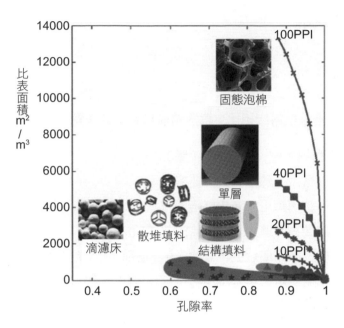

圖3-5　不同填料或觸媒支架的比較；圖中PPI為像數密度單位，每平方英寸的像數[10]

大型的長泡沫流動。

4.渦流：氣體流速高時，栓塞氣泡後會形成小型氣泡，最後管中液體會被向上帶動。

5.環狀流動：當氣體流速高而液體分率低時，液體會沿著管壁向下流動，氣體會夾帶霧滴雨水滴在管中向上流動。

大多數的單層反應器中，流動方式為泰勒流動與泡沫流動。

3.3.3 優缺點

一、優點

與傳統顆粒填料床相比,單層結構具有下列優點:

1.高流量條件下,壓降較低(圖3-6)。
2.接觸面積大,熱傳與質傳速率快。
3.當單層結構應用於多相反應器時,可降低外質傳阻力。
4.觸媒塗裝在薄壁上,可消除內部擴散的限制。
5.降低軸向散布與返混現象的產生,因而提高產品選擇性。
6.降低積垢熱阻與堵塞現象,可延長觸媒使用年限。
7.通道壁上粒狀汙染物易於去除。
8.規模易於放大。

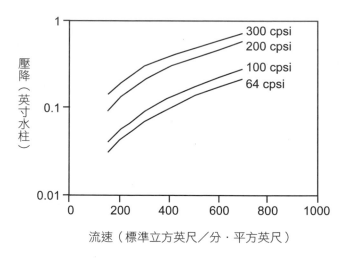

圖3-6　單層反應器壓降[12]

二、缺點

1.軸向熱傳速率低，難以控制通道薄壁上的陶瓷單層結構的溫度。

2.熱量會由單層結構傳輸至反應器內壁。

3.由於流體在反應器內的微管道內流動分配不均勻，影響反應器效能。

4.大規模應用所需擠壓成型的成本與安裝難度高。

5.缺乏大型製程的操作經驗。

表3-3列出單層反應器與泥漿、滴濾床反應器的比較，單層反應器具有低壓降、流速快、擴散距離小與外表面積大、易於放大等優勢。

3.3.4　應用範圍

由於單層反應器具有壓降低、選擇性佳與壽命長的優點，逐漸應用於觸媒氧化、芳香族氫化、燃料電池中氫氣的供應、碳氫化合物與甲醇的蒸氣重組（steam reforming）與水煤氣轉換（water-gas shift）等。

表3-3　單層反應器與泥漿、滴濾床反應器的比較

項目	泥漿slurry	滴濾床trickle bed	單層monolith
顆粒／管道直徑（毫米）	0.01～0.1	1.5～6.0	1.1～2.3
觸媒體積分率	0.005～0.01	0.55～0.60	0.07～0.15
外表面積（平方米／立方米）	300～6,000	600～2,400	1,500～2,500
擴散係數（微米）	5～50	100～3,000	10～100
液體流速（米／秒）	-	0.0001～0.0003	0.1～0.45
氣體流速（米／秒）	-	0.002～0.0045	0.01～0.35
體積質傳係數（1／秒）			
氣體／液體	0.01～0.6	0.06	0.05～1.0
液體／固體	1.4	0.06	0.03～0.09

可執行多相態反應的單層反應器最成功的商業化案例為以蔥醌（anthraquinone）觸媒氫化方法以產生過氧化氫與對苯二酚（hydroquinone）的製程。此製程應用非電鍍方式將鈀觸媒塗布在二氧化矽為支架材料的單層壁上。此單層反應器比傳統填料床具有產品選擇性佳與壽命長的優勢。反應器中的流體是以相同方向、泰勒流動方式、向下流動。

其他應用如：

1.石油衍生物或煤液化物的氫化。
2.芳香族、硝基苯、環己烯、乙炔、乙苯等氫化或脫氫。
3.水溶性酚類、醋酸、葡萄糖、纖維素等氧化。
4.蒸餾與吸附等；皆被探討過，不過多僅限於研究階段，尚未應用於商業化生產製程上[11]。

3.4 雙功能觸媒

雙功能觸媒為兼具金屬與酸觸媒的催化功能的觸媒。常見的雙功能觸媒為應用於觸媒重組工場中的鉑／氧化鋁或鈀／沸石觸媒。觸媒重組是將低辛烷值輕油轉化成高辛烷值汽油的製程，也是苯、甲苯、二甲苯的上游工場。它的主要反應為先將直鏈碳氫化合物的部分氫原子脫除，再經異構化與環化作用，以產生苯、甲苯、二甲苯等環狀芳香族化合物。為了促使這幾個反應發生，必須應用一個脫氫與環化的金屬觸媒與異構化的酸性觸媒。兼具金屬與酸觸媒的催化功能的鉑／氧化鋁或鈀／沸石雙功能觸媒，較鉑金屬與礬土酸性觸媒的混合物的活性高與壽命長[13]。兼具酯化與部分氧化雙功能的鈀／苯乙烯與二乙烯苯共聚物（Pd/SDB）觸媒可將含水酒精催化反應生成乙酸乙酯、部分氧化反應會造成鈀金屬的聚集，而且酸觸媒的加入，有利於酯化反應的產生[14]。

3.5 耐磨損觸媒

　　循環式流體化床中的觸媒不斷地在幾個桶槽中快速流動，所受的磨損力遠較在一般固定床中高，因此耐磨性是評估觸媒的一個重要的效標。耐磨損觸媒案例如下：

1. 美國杜邦公司研究人員以噴霧乾燥方式將矽水凝膠塗布在應用於四氫呋喃製程中的磷酸釩觸媒的表面上，可將磷酸釩封閉於矽膠殼內，以防止活性位置受損。由於矽膠的孔隙多，可允許反應物與生成物由孔隙進出，與觸媒活性位置作用[15]。
2. 浙江萬里大學滕立華曾經將矽溶膠黏結劑以噴霧乾燥方式塗布在催化甲醇合成反應的$CuO/ZnO/Al_2O_3$觸媒與甲醇脫氫的HZSM-5觸媒上。研究結果顯示，耐磨性與矽溶膠的濃度成正比、$0 \sim 20\%$間矽溶膠的濃度對觸媒活性幾乎沒有影響、一氧化碳轉化率與二甲基醚產率隨矽溶膠濃度增加而降低[16]。
3. 美國再生能源研究所研究團隊開發出一種具耐磨特性的蒸氣重組觸媒，可以降低生質物氣化產氫觸媒在流體化床中的損失。他們首先製造出一種顆粒狀陶瓷擔體，再以金屬鹽前驅物塗布，最後煅燒塗布的陶瓷擔體，將金屬鹽類氧化為金屬氧化物[17]。

3.6 封閉式均勻相觸媒

　　均勻相觸媒（homogeneous catalyst）與反應物的相態相同，可以均勻混合，因此在催化過程中不受觸媒與反應物接觸表面積的限制。其缺點為觸媒回收困難，無法重複使用。如果能將均勻相觸媒固定或封裝於多孔狀的外殼上，則可解決回收的問題。

1.戴維斯（M. E. Davis）曾將應用於加氫甲醯化反應的以銠金屬為基礎的均勻觸媒在1奈米直徑的空心二氧化矽微球體內合成。由於銠金屬複合物過於龐大，無法從微球的孔隙中擴散出去（圖3-7）。一氧化碳至液體的擴散也因此受到限制，有益於產品的選擇性[18]。

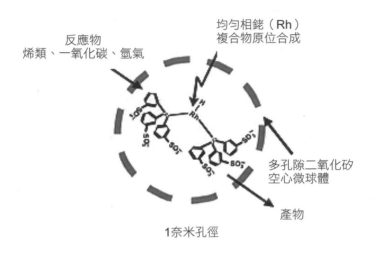

均勻相銠（Rh）
複合物原位合成

反應物
烯類、一氧化碳、氫氣

多孔隙二氧化矽
空心微球體

產物

1奈米孔徑

圖3-7 封裝於1奈米的微球內的均勻相觸媒[27]

2.ABB Lummus Global公司的墨瑞爾等人（L. L. Murrell, R. A. Overbeck, Y. F. Chang, N. van der Puil, C. Y. Yeh）應用界面活性劑製造出奈米級微胞結構，可將均勻相觸媒包覆在內（圖3-8）。

3.美國勞倫斯柏克萊國家實驗室（Lawrence Berkeley National Laboratory）將催化環丙烷反應的鉑、鈀、銠等金屬均勻相觸媒封裝於奈米級的樹枝狀高分子聚合物內，可增加其活性與選擇性。由圖3-9的透視電子顯微鏡圖可知，反應前（左圖）與反應後（右圖）的封裝於樹枝狀高分子聚合物內的金觸媒（白點）沒有顯著的改變[20]。

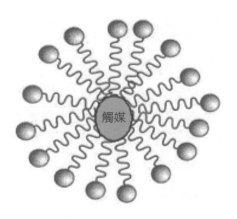

圖3-8　微胞奈米觸媒[19]

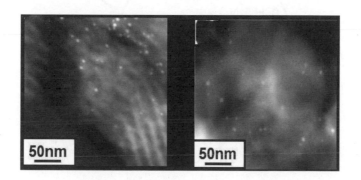

圖3-9　反應前後的結構比較[10]

4.英國蘇格蘭聖安德魯斯大學的安德生教授曾將加氫甲醯化反應
的銠金屬觸媒封裝於沸石中，他發現沸石擔體的結構與配位基
（ligands）對於產品的選擇性影響很大。可見工業觸媒的開發，也
會促進對於基礎化學的理解[21]。

3.7 兼具吸附功能的觸媒

　　將非勻相觸媒（heterogeneous catalyst）封裝於形狀選擇性的多孔隙的碳分子篩中，可以增加轉化率與產品選擇性。將應用於甲醇氨化反應的矽／鋁氧化物觸媒封裝孔隙直徑約0.5奈米的碳分子篩後，由於三甲基胺的分子太大，無法自分子篩的孔隙中擴散出去，導致甲基胺與二甲基胺的產率由67%增加至80%（**圖3-10**）

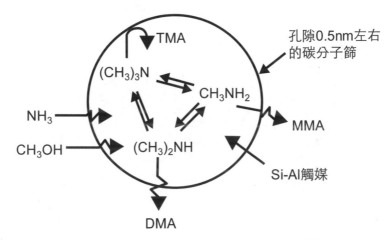

圖3-10　封裝於碳分子篩的Si-Al觸媒[26]

3.8 薄膜觸媒

　　薄膜觸媒（thin film catalyst）是將一層活性觸媒薄膜沉積在二氧化鋁固體擔體上，但不會穿透至擔體的內部。由於觸媒厚度非常薄，反應物擴散的阻礙相對降低，其應用如後：

1.美國ABB Lummus Global墨瑞爾等人（L. L. Murrell, R. A. Overbeck,

A. M. Khonsari）曾將烴化觸媒分散於膠體泥漿中，然後將膠體泥漿以噴霧方式噴在懸浮於流體化床中的多孔隙固體擔體上，可在擔體表面塗布一層微薄的觸媒膜。實驗結果顯示，此種薄膜觸媒可延長壽命與產品選擇性[22]。

2. 美國洛斯阿拉莫斯國家實驗室（Los Alamos National Laboratory）電子化學研究團隊開發出一種應用於高分子電解燃料電極的鉑／碳薄膜觸媒，可以提高觸媒效率[23]。

3. 美國北卡洛林納州立大學（North Carolina State University）曹林有博士開發出一種應用於以水解方式生產氫氣的薄膜觸媒（圖3-11）。這種以二硫化鉬（molybdenum disulfide, MoS_2）為原料所製成的薄膜觸媒的產氫率雖然不如鉑觸媒，但是價格低廉，頗具經濟價值。實驗結果顯示，績效與薄膜厚度成反比，單層原子的績效最高，每增加一層原子，成效降低5倍之多[24]。

4. 美國奧瑞岡大學化學系Shannon Boettcher教授應用溶液合成方法，製造出極薄的以鎳與氧化鐵為原料的薄膜觸媒。此薄膜觸媒與半導體組合後，可以在太陽光照射下將水分解為氫氣與氧氣。最有效的薄膜厚度為0.4奈米[25]。

圖3-11　二硫化鉬為原料所製成的薄膜觸媒[24]

3.9 乾式沸石觸媒

　　小型實驗證明，觸媒的體積愈小，反應速率也愈高；然而，由於製程與觸媒生產的限制，觸媒顆粒的縮減一直難以實現於工業界中。美國ABB Lummus Global墨瑞爾等人（L. L. Murrell, R. A. Overbeck, Y. F. Chang, N. van der Puil, C. Y. Yeh）開發出一種乾式觸媒製造方法，可以製造出微孔體積大但顆粒小的沸石觸媒。他們先在多孔隙的二氧化矽—鋁沸石表面塗布上一層金屬氧化物，再將沸石以初濕含浸法（incipient wetness impregnation）（**圖3-12**）浸漬於孔隙產生的液體中，最後再將沸石加熱乾燥之。由於浸漬液體量低，今僅能將固體濕潤，但無法進入固體的孔隙中，因此乾燥後的沸石觸媒仍能保持原有的微孔與孔隙度。此觸媒體積僅為一般觸媒的10～30%，但其活性卻高達2～3倍。

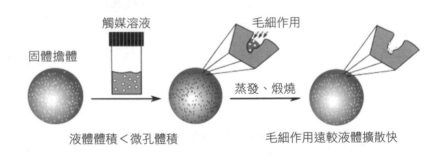

固體擔體　　觸媒溶液　　　　　　毛細作用

蒸發、煅燒

液體體積＜微孔體積　　　　　毛細作用遠較液體擴散快

圖3-12　初濕含浸法

3.10 結語

　　應用高績效與多功能觸媒不僅可以增加產品的轉化率與加速反應速率，進而降低反應物的數量與反應器體積，同時也降低所可能引發的風

險；因此，可以視為積極的提升「本質安全」的策略與手段。近年來，由於奈米科技與材料科學的發展突飛猛進，許多新穎與高功能的觸媒不斷地開發出來，工程師應該不斷地嘗試應用新型觸媒，以提升製程的生產力與安全程度。

參考文獻

1.Stankiewicz, A. I., Moulijn, J. A. (2000). Process intensification: Transforming chemical engineering. *Chem. Eng. Progress, 96*, 22-33.

2.Csicsery, S. M. (1984). Shape-selective catalysis in zeolites. *Zeolites, 4*, 202-213.

3.Frilette, V. J., W. O. Haag, W. O., Lago, R. M. (1981). Catalysis by crystalline aluminosilicates: Characterization of intermediate pore-size zeolites by the "Constraint Index". *J. Catal., 67*, 218-223.

4.Rollmann, L. D. (1979). U.S. Patent No. 4, 148, 713.

5.Anderson, J. R., Foger, K., Mole T., Rajadhyaksha, R. A., Sanders, J. V. (1979). Reactions on ZSM-5-type zeolite catalysts. *J. Catal., 58*, 114.

6.Namba, S., Iwase, O., Takahashi, N., Yashima, T., Hara, N. (1979). Shape-selective disproportionation of xylene over partially cation-exchanged H-mordenite. *J. Catal., 56*, 445.

7.Williams, J. L. (2001). Monolith structures, materials, properties and uses. *Catal. Today, 69*, 3.

8.Stemmet (2008). Gas-Liquid solid foam reactors: Hydrodynamics and mass transfer. Ph. D dissertation, Technische Universiteit Eindhoven, the Netherlands.

9.Silva, E. R., Silva, J. M., Vaz, M. F., Costa Oliveira, F. A., Ribeiro, F. R., Ribeiro, M. F. (2012). Structured Metal-Zeolite Catalysts for the Catalytic Combustion of VOCs.

10.Stefanidis, G., Stankiewicz, A., Structure: Process intensification in spatial domain, Course materials. MS course in process intensification, Delft University of Technology, The Netherlands.

11.Manfe, M. M., Kulkarni, K. S., Kulkarni, A. D. (2011). Industrial application of monolith caltalysts/reactors. *International Journal of Advanced Engineering Research and Studies, Vol. 1*, Issue 1, October- December, 1-3.

12.Bonacci (1989). *Encyclopedia of Environmental Control Technology: Vol. 1* . Gulf Professional Publishing, Houston, Tx.

13.George J. Antos, Abdullah M. Aitani, José M. Parera (1995). *Catalytic Naphtha Reforming: Science & Technology*, 1st edition, Marcel Dekker, New York.

14.邱明豐（2001）。《酯化／部分氧化雙功能觸媒之特性分析》。中正大學化學

工程研究所，碩士論文。

15. Haggin, J. (1995). Innovations in catalysis create environmentally friendly THF process. *C &E News*, April 3.

16. Teng, L. H. (2008). Attrition resistant catalyst for dimethyl ether synthesis in fluidized-bed reactor. *Journal of Zhejiang University Science, 9*(9), 1288-1295.

17. NREL (2010). Attrition Resistant Catalyst Materials for Fluid Bed Applications, National Renewable Energy Laboratory, http://techportal.eere.energy.gov/technology. do/techID=102.

18. Davis, M. E. (1994). Reaction chemistry and reaction-engineering principles in catalyst design. *Chem Eng Sci., 3971-3980.*

19. Murrell, L. L., Overbeek, R. A., Chang, Y. F., van der Puil, N., Yeh, C. Y. (1999). Catalyst and method of preparation, US 5, 935, 889.

20. Yarris, L. (2012). The Best of Both Catalytic Worlds, News Center, Lawrance Berkely Lab., October 10. http://newscenter.lbl.gov/2012/10/10/the-best-of-both-catalytic-worlds/.

21. Andersen, J. M. (1997). Zeolite-encapsulated rhodium catalysts: The best of both worlds? *Platinum Metals Rev., 41*(3),132-141.

22. Murrell, L. L., Overbeek, R. A., & Khonsari, A. M. (1999). Catalyst and method of preparation. US Patent 5, 935, 889.

23. Wilson, M. S., Gottesfeld, S. (1992). Thin-film cataslyst layers for polymer electrolyte fuel cell electrodes. *J. App. Electroche., 22*, 1-7.

24. Clark, D. (2014). Thin-film catalyst promises cheaper hydrogen production. ChEnected, AIChE, January 22.

25. University of Oregon (2013). Hydrogen fuel? Thin films of nickel and iron oxides yield efficient solar water-splitting catalyst. *Science Daily*, March 20.

26. Agar, D. W. (1999). Multifunctional reactors: Old preconceptions and new dimensions. *Chem. Eng. Sci., 54*, 1299-1305.

27. Dautzenberg, F. M., Mukherjee, M. (2001). Process intensification using multi-functional reactors. *Chem. Eng. Sci., 56*, 252-267.

CHAPTER 4

強化二：單元設備

4.1 前言

以「強化」策略加強本質安全的手段為消除或減少製程中的危害，例如應用較少量的危害性物質或減少在危害性條件下操作的設備的體積。在不改變化學反應或操作單元的目的下，最有效的方法為應用高性能的結構材料或裝置，以加強反應器、熱交換器內物質間的混和程度、質傳與熱傳效能，以提升設備的績效。應用本章所介紹的結構化填料、碎形分配器與蒐集器、熱交換器、混和設備、蒸餾、薄膜分離等可以大幅降低危害性物質的數量與處理設備的體積，直接加強製程的本質安全。

4.2 結構化填料

結構化填料（structured packings）又稱規整填料，係指應用於吸收塔、蒸餾塔或化學反應器中、經特殊設計的結構材料。它通常是由波浪狀的金屬板或網所組成，且具傾斜的管道的蜂巢形狀，可以迫使流體經過複雜的路徑，以增加不同相態流體間的接觸機率與面積。由於比表面積大（50～750平方米／立方米），因此效率高且所需體積小。表4-1列出幾個著名的結構填料的名稱、生產廠家與比表面積。

表4-1　結構材料

填料名稱	生產廠家	比表面積平方米／立方米
Super-Pak 300	Raschig	300
Mc-Pak	三菱	250～1,000
Durapak	Scott	280～400
Rombopak	Kuhni	450
BSH	Nutter	500
KATAPAK-S	Sulzer	350～750
FLEXIPAC	Koch-Glitsch	250～725

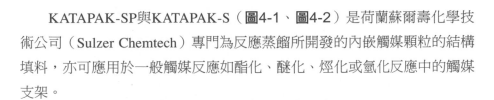

KATAPAK-SP與KATAPAK-S（圖4-1、圖4-2）是荷蘭蘇爾壽化學技術公司（Sulzer Chemtech）專門為反應蒸餾所開發的內嵌觸媒顆粒的結構填料，亦可應用於一般觸媒反應如酯化、醚化、烴化或氫化反應中的觸媒支架。

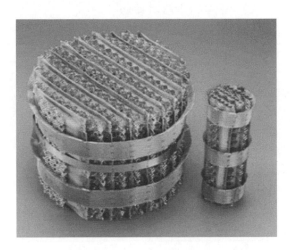

圖4-1　工業與實驗室規模的KATAPAK-SP-12比較[1]

圖4-2　工業用KATAPAK-S 170.Y

KATAPAK-SP是由一組包含觸媒的金屬網層與金屬填料所組成，每米長度的理論盤板數為4，觸媒所占的體積為50%。**表4-2**列出KATAPAK-SP設計參數[1]，以供參考。

表4-2　KATAPAK-SP設計參數[1]

參數	數值
填料長度（毫米）	200
管徑（毫米）	250
金屬線厚度（毫米）	0.25
網孔直徑（毫米）	0.5
觸媒層高度（毫米）	13
分離層高度（毫米）	6.5
玻璃珠直徑（毫米）	1
玻璃柱體積分率	0.236
觸媒層數	9
分離層數	18

在KATAPAK-S中，觸媒是被夾在兩層金屬網之間，形成三明治狀的結構。由於每片金屬皆成波浪狀，此類設計形成一種由許多不同角度與水力直徑的流動管道所組成的結構。包覆觸媒的三明治裝置於流動管道相反的方位，流體是以橫向流動方式與觸媒接觸。

以生產化工機械聞名的美國科氏—格利奇（Koch-Glitsch）公司生產多種材料如碳鋼、不鏽鋼、鋁、鎳合金、鈦、銅合金、鋯、熱塑彈性塑膠等結構填料。**圖4-3**顯示FLEXIPAC與INTALOX兩種應用最普遍的結構填料。由於金屬浪片的傾斜角度不同，所導引的流動模式與壓降亦異，傾斜度60°比45°壓降低，但質傳效率差。1986年開發的INTALOX填料組合了波浪狀與其他幾何形狀的金屬片，除了增加面積與較高的處理容量外，還可突破傳統結構填料僅可應用於真空與常壓系統的限制，適用於高液體流量與高壓條件下的應用。

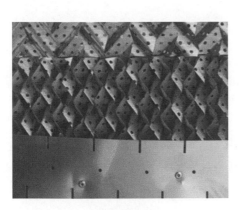

(a)FLEXIPAC

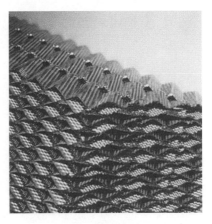

(b)INTALOX

圖4-3　科氏─格利奇公司的結構填料

其他常用的結構填料為：

1.Raschig公司的Super-Pak 300型板式結構填料的負荷能力提高26%，壓力損耗降低33%。

2.日本三菱商事（株）的Mc-Pak結構填料，分為絲網和板材兩類，絲網500目，每立方米的比表面積高達1,000平方米；板材類有四種，比表面積介於500平方米之間，其中500SL為高液負荷和低壓降型。

3.Scott公司的Durapak填料是由玻璃纖維所製成，具高抗腐產品、高通量、低壓降及良好的分離性能，空隙率72～80%。

4.Montz公司的Montz-Pak A300型填料由塑性極佳的鉭金屬製成，板厚僅0.05毫米。

5.Nutter公司生產的BSH填料是介於網、板填料間的高效填料，它金屬織物結構具膨脹特性，可彌補金屬絲網和片狀金屬填料間的差距。BSH織物結構的毛細管作用，具有很高的質傳效率。

4.3 碎形分配器與蒐集器

改善流體進入反應器的分配器的設計，可以增加流體與反應器內的流體或固體物質接觸，與降低流體在反應器內形成的氣泡或液泡的機率與大小。自然界有數不清的極高效率氣／液、氣／固與液／固體的交換體或器官，如人的肺部、植物根部、孔雀羽毛、花瓣或雲、沙漠（**圖4-4**）等都可以激發工程師的靈感。將這些碎形設計應用於流體分配器與蒐集器等機械裝置上，可以加強亂流、混和與質傳的績效。

1997年，美國ARI公司的研發主管柯爾尼氏（**M. Kearney**）首先將碎形應用於流體分配器與蒐集器的設計上。荷蘭台夫特大學研究群曾將流體化床的氣體分配器設計成**圖4-5**所顯示的碎形形狀。

他們發現氣體由不同高度的位置進入流體化床後，會產生下列現象[4]，可以增加質傳與混和的效果：

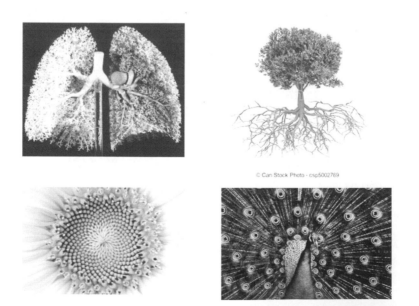

© Can Stock Photo · csp5002769

圖4-4　自然界中高效率的氣／固、氣／液或液／固交換的碎形結構

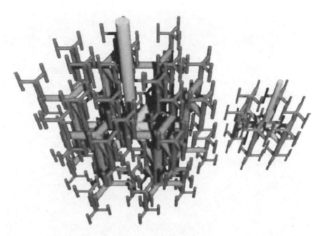

圖4-5　流體化床反應器的碎形氣體注射分配器[2]

1. 造成類似栓塞流動，將流體化床分為許多相互接觸且混和均勻的小區塊。
2. 由同一高度但不同位置注入的氣體會與床內既有的懸浮的氣體與固體物質混和，不僅可加強微小區域內的混和，而且會消除軸向的不均勻度。
3. 會抑制氣泡的產生與擊破既有的氣泡。

　　美國ARI公司（Amalgamated Research, Inc.）應用碎形分配器與蒐集器（圖4-6）於甘蔗汁陽離子交換樹脂軟化上，可以大幅降低離子交換樹脂床的高度、壓降與體積[3]（表4-3）。

　　2000年，日本長岡國際公司（Nagaoka International Corp., Osaka, Japan）開發了一種以Super X-Pack為名的新型的結構填料，可大幅提升反應蒸餾塔內氣液質傳效率。這種填料如圖4-7所顯示，是由三度空間的碎形線網所組成，可讓液體以規則方式向下流動。由於每平方米面積的填料可允許高達120,000個液滴通過，流體的質量傳輸速率遠較以浪板或平面網狀的傳統結構填料迅速。

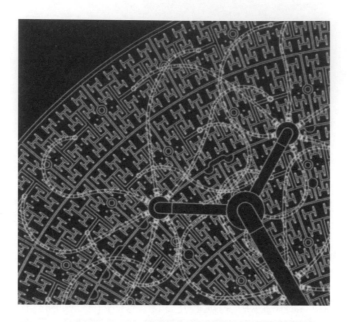

圖4-6　美國ARI公司所開發的流體分配器與蒐集器

表4-3　應用碎形與傳統設計的甘蔗汁軟化陽離子交換器的效能比較[3]

參數	傳統設計	碎形設計
離子樹脂床高度（米）	1	0.15
流速（體積／時）	50	500
最高壓降（公斤／平方釐米）	3.5～5.6	> 0.1
相對體積	10	1

除了碎形線網外，此系統包括下列三個主要部分：

1.可均勻控制液體分配器。

2.液體流動調整器，可控制液體均勻流動。

3.連續蒐集塔底的物質。

長岡公司視Super X-Pack的應用環境，提供由鋼、合金或玻璃纖維、陶瓷或工程塑膠等非金屬材質的產品。此填料在真空環境中的F-因子高達

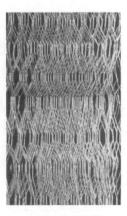

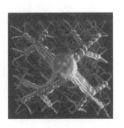

(a)懸掛於分配器下　　　　(b)線網狀結構　　　　(c)線網接頭
　的填料外觀

圖4-7　日本長岡國際公司所開發的Super X-Pack碎形填料[17]

6，理論單位數（NTU）介於6～11之間。

　　圖4-8與圖4-9顯示蒸餾塔內部裝置的演進與效能比較。Super X-Pack的相對比容（ratio of specific volume）僅為傳統盤板的二十分之一。理論上，蒸餾塔的高度亦可以等比縮小。

4.4 熱交換器

　　熱交換器是工業製程中加熱、冷卻、能源轉換或回收的主要設備。應用合適的熱交換器不僅可以提高能源使用效率、增加系統可靠度及降低危害物質的存量。熱交換器的種類很多，殼管、管框、鰭管、螺旋、旋轉再生式等，工程師可依其適用的溫度範圍內、流體的特性與壓力，選取適當的型式（圖4-10、表4-4）。

	1	2	3	4
系統	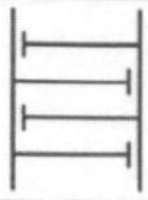			
操作方式	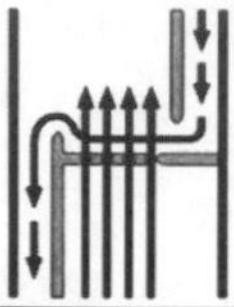			
類別	盤板	隨機堆積填料	規整填料	規則結構填料
開發時期	1850	1873	1966	1998 Manteufel NAGAOKA
設計	各種型式	拉西環、鞍環、鮑爾環等	Mellapak, Intalox Flexipac	規則結構
最大F值	1.5～2.5	1.5～2.5	2～3	4～7
NTU（1/m）	1～2	0.5～2	2～5	6～11
F×NTU	2～4	1～5	5～10	20～40
比速	0.5～0.25	1～0.2	0.2～0.1	0.05～0.025
比容比例	1/1	1/2.5	1/3.8	<1/20

圖4-8　蒸餾塔內部裝置的效能比較[17]

在同樣的熱傳效能下，熱交換器的接觸面積對流體體積的比例愈大，則所需體積愈小，反之亦然。

由**表4-5**可知，傳統應用於石油與石化工業的管殼式熱交換器的接觸面積較其他板式、螺旋式皆低，所占的體積與內部盛裝的流體亦多，風險亦大。

4.4.1　殼管式熱交換器強化

殼管式熱交換器是最普遍使用的熱交換器，是由殼體、管束、管板

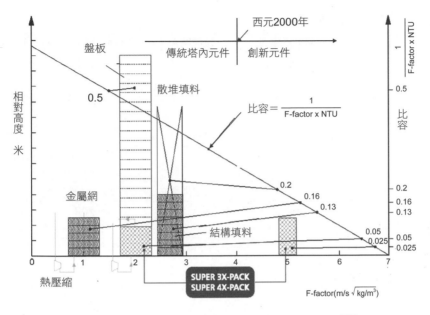

圖4-9　蒸餾塔內部裝置的演進與效能比較[17]

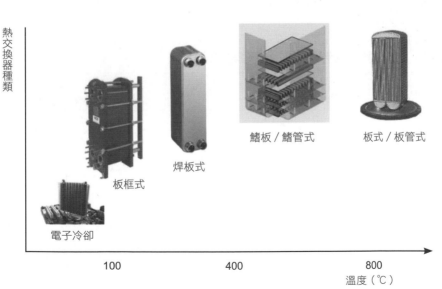

圖4-10　熱交換器溫度適用範圍

表4-4 各種不同型式熱交換器的比較[5]

型式	最大壓力bar	溫度範圍 ℃	流體限制	尺寸範圍 m²	特性
殼管式	殼側：300 管側：1,400	-25～600	材料	1～1,000	適用範圍廣
雙套管式	殼側：300 管側：1,200	-100～600	材料	0.25～200 / 單位	高熱效率 模組化製造
螺旋式	18	400	材料	200	高熱傳效率 圓筒型設計適用 於蒸餾塔內應用
熱管	1	<200	低壓氣體	100～1,000	可設計為逆向流動
板式 （可拆卸）	16～25	-25～200	不適用於氣體與 雙相流體	1～1,200	模組化設計 不易清理
板鰭式	鋁合金：100 不鏽鋼：400	-273～150 600	低汙垢流體	體積<9	單位體積表面積大
氣冷式	500（製程側）	600（製程側）	材料	5～350 / 裸管	搭配風扇與鰭片
固定再生式	1	600	多用於廢熱回收		以磚或陶瓷為材料
轉輪再生式	1	980	低壓氣體		必須容忍熱交換 流體間的洩漏
印刷式	1,000	不鏽鋼：800	低汙垢	1～1,000	單位體積表面積大

表4-5 熱交換器的接觸面積對流體體積的比例[7]

型式	比例 平方米 / 立方米	型式	比例 平方米 / 立方米
殼管式	50～100	鰭板式	150～450
板框式	120～225	旋轉再生式	6,600
螺旋式	120～185	固定再生式	15,000
具鰭管的殼管式	65～270		

和封頭等部分組成。殼體多呈圓形，內部裝有固定於管板上的平行或螺旋管束。熱能透過管壁傳遞。與其他型式的熱交換器相比，殼管式熱交換器的體積較為龐大、設計堅固強壯，因此，可廣泛地應用於各種不同的應用場合，如惡劣環境、特殊流體與高溫與高壓的應用。

管側部分可應用下列四種管束，以增加熱傳面積（圖4-11）：

1.內鰭管：以管內刻紋增加管內流體的亂流度（圖4-11(a)）。

2.管內混和裝置：在管內加設扭曲板片，以加強流體的混和與亂流度
　（圖4-11(b)）。

3.管內螺旋：在管內加裝螺旋線，以加強流體的混和與亂流度（圖
　4-11(c)）。

4.管內線網：館內安裝類似hiTRAN®的線網裝置，以提高層流的熱傳
　導係數（圖4-11(d)）。

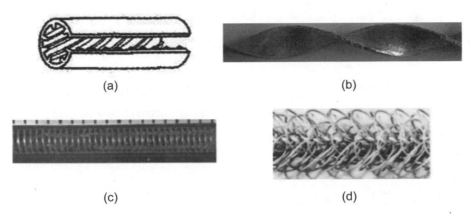

(a)　　　　　　　　　　　　　　　　(b)

(c)　　　　　　　　　　　　　　　　(d)

圖4-11　殼管式熱交換器管側強化裝置[6]

殼側強化可應用外部特殊形狀的管束：

1.外鰭管：在管外表增加鰭片或刻紋，以提升殼側熱傳面積（圖
　4-12(a)）。

2.管外螺旋裝置：在管外加設扭曲板片或螺旋（Helical Baffles®），
　減少殼側死角（圖4-12(b)）。

3.管外擋板：在管外加裝擋板（EM Baffles®），以促使流體以縱流方
　式流動（圖4-12(c)）。

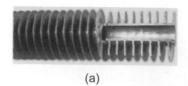
(a)

(b)

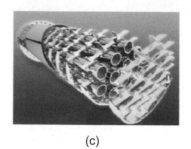
(c)

圖4-12　殼管式熱交換器殼側強化裝置[6]

　　英國曼徹斯特大學製程整合中心曾探討過各種殼側與管側強化裝置的績效。他們發現這些強化裝置雖然提高熱傳面積與係數，但也增加了壓降與製造成本。適當組合確實可以增加15.4%熱傳效率與16.6%的成本。他們發現以下三種組合可以在一年半內回收：

1.CW-EF：管內捲線網—管外鰭管。

2.IF-EF：管內捲線網—管外鰭管。

3.IF-EF：管內鰭管—管外鰭管。

而下列兩個組合則需2.2年才可回收：

1.PT-HB：管內側平滑—殼側螺旋擋板。

2.PT-SSB：管內側平滑—殼側單一擋板。

　　在小型熱交換器中，內鰭管與外鰭管的績效最佳，可在有限的製造與能源費用增加下，達到很高的熱傳效率；然而，在大型熱交換器中，則應在管內或殼側安裝螺旋網環或擋流板片，因為鰭管的製造成本較高。中型熱交換器則必須視實際情況進行成本效益評估[8]。

4.4.2 緊密型熱交換器

緊密型熱交換器（compact heat exchangers）係指單位體積熱傳面積高的熱交換器。對於氣體而言，熱傳面積高於700平方米／立方米。液體或雙相混和流體熱傳面積為300平方米／立方米以上。主要型式為板式、螺旋式、板殼式、矩陣式、微流道、印刷電路板式等。自從1970年以來，由於板式熱交換器的大量應用，熱交換器的體積／熱負荷比例幾乎縮小兩倍之多（**圖4-13**）。

一、板式熱交換器

板式熱交換器是由一組波紋金屬板所組成；板上有孔，提供傳熱的兩種液體通過。金屬板片安裝在固定端板和活動端板的框架內，並用夾緊

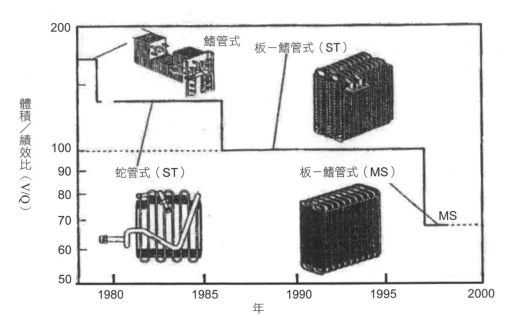

圖4-13　蒸發器的技術演進[13]

(a)外觀

(b)流體流動方向

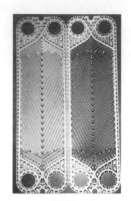

(c)熱傳板片

圖4-14　板式熱交換器

螺絲夾緊（**圖4-14**）。板片上裝有密封墊片，將流體通道密封，並且引導流體交替地流至各自的通道內。流體的流量、物理性質、壓力降和溫度差決定板片的數量及尺寸，流體的化學性能、腐蝕特性決定板片及墊片的材質，不同的波紋板結構設計不僅提高了紊流程度，並且形成許多支撐點，足以承受流體間的壓力差。適用於攝氏200度以下與25巴的壓力下。

　　板式熱交換器有下列優點：

1.可拆卸式，易清潔、檢查及保養。

2.可隨負載而增減熱傳面積→藉由板片數、板片大小、板片型式、流場安排等因素之變化（針對組合式而言，硬焊式無此優點）。

3.低汙垢阻抗：因內部流場通常是在高度紊流情況下，故其汙垢阻抗只有殼管式之10～25%。

4.熱傳面積大：具高熱傳係數、低汙垢阻抗、純逆向流動，故在同熱傳量下，熱傳面積約為殼管式之1/2〜1/3。

5.低成本。

6.體積小：同熱傳量下，體積約為殼管式之1/4〜1/5。

7.重量輕：在相同熱傳量下，重量約為殼管式之1/2。

8.流體滯留時間短且混和佳→可達到均勻之熱交換。

9.容積小：含液量少、快速反應、製程易控制。

10.熱傳性能高：溫度回復率可達1℃，有效度可達93%。

11.無殼管式中流體所引起之振動、噪音、熱應力及入口沖擊等問題。

12.適合液對液之熱交換、需要均勻加熱、快速加熱或冷卻之場合。

　　板式熱交換器適用於熱泵、工業用冰水機、空調機、冷凍機、空氣乾燥機、水冷卻、飲用水、各類工業用水、恆溫冷藏庫、廢熱回收及熱循環使用與鍋爐系統。由於墊圈材料的限制，在高溫、高壓或高腐蝕的環境下，可以使用焊接方式取代墊圈，其缺點為焊接後即無法拆解。

二、螺旋式熱交換器

　　螺旋式熱交換器（spiral heat exchangers）內部是由兩個金屬板經焊接、捲曲後形成螺旋狀的通道所組成（**圖**4-15）。冷熱流體的互動方式視進出分配器的設計，可分為對流或橫流兩種。它的優點為空間的有效應用、優異的熱交換與流體輸送特性，因此廣泛運用於惡劣的工業環境。由於流體以螺旋方式在管中流動時會產生很大的剪切力量，管中不易形成汙垢，特別適合於高黏性或含有固體顆粒而容易在其他類型的熱交換器產生嚴重結垢或腐蝕的流體。熱交換面積可小至冷凍設施的0.05平方米，大至工業系統中的500平方米。

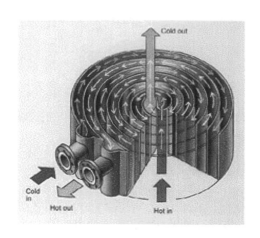

圖4-15　螺旋式熱交換器

三、板殼式熱交換器

板殼式熱交換器（plate-shell heat exchangers）是由將殼管式熱交換器中的管束以板取代（**圖4-16**）。它具有下列特點：

1. 殼側流體流動與殼管式殼側類似，亦可安裝擋板以加強亂流程度。
2. 板側流體在波浪狀板間的空間中流動，與板式熱交換器板內流動類似。

通常應用於熱交換器的整修中，僅須將既有殼管式熱交換器中的管側元件以換熱板取代，但仍可應用原有的外殼。

四、矩陣式熱交換器

矩陣式熱交換器（Matrix Heat Exchanger, MHE）如**圖4-17**所顯示，是由一疊多孔、高導熱的銅、鋁製的交替結合的平板與分隔板所組成，可允許兩流體進行熱能交換，適用於低溫冷凍與燃料電池等設施的熱能交

圖4-16　板殼式熱交換器

換。由於孔徑細小，僅0.3～1.0毫米，熱傳係數與熱交換面積皆高，每立方米體積的熱交換面積高達6,000平方米。分隔板的導熱係數低，可降低軸向熱傳導。導熱板與分隔板並無一定的形狀限制，但以圓形與長方形的應用最為廣泛[10]。

五、微流道熱交換器

微流道熱交換器（Microchannel Heat exchangers, MHE）係指應用於外海產油平台、高溫核能反應器等惡劣環境下、流道直徑為1毫米左右或更小的熱交換器。

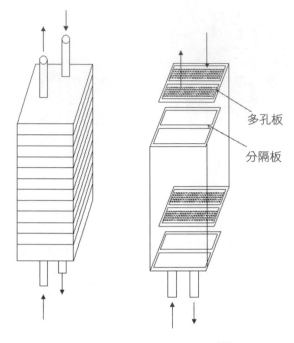

多孔板

分隔板

圖4-17 矩陣式熱交換器[10]

4.4.3 印刷電路板式熱交換器

印刷電路板式熱交換器（Printed Circuit Heat Exchanger, PCHE）如**圖4-18**所顯示，是由疊置在一起的金屬板所組成。板上具半圓型、厚度約1.5～3.0毫米的工程流體通道。它多由不鏽鋼為材料，適用於氣體、液體與氣液雙相混和流體間熱能交換，操作溫度由-200度一直到900度[11]。

一、優點

　　1.流體通道為對流方式。

　　2.單位體積的熱傳面積大。

　　3.壓力可達600巴。

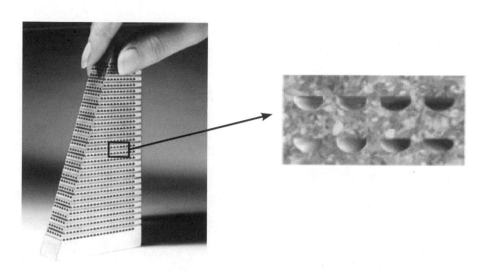

圖4-18　印刷電路板式熱交換器[11]

4.能源消費低。

5.流體容量低。

6.比相同熱功率的殼管式小4～6倍。

7.極高熱傳係數。

二、缺點

1.價錢昂貴。

2.流體必須非常乾淨，不得含有懸浮固體或雜質。

3.流體通道直徑僅0.5～2.0毫米，易於堵塞。

三、應用範圍

1.煉油與氣體生產業：氣／氣熱交換、酸氣處理、氣體脫水、氣體壓縮、液化氣體與合成氣生產。

2.化學工業：製藥、氨氣、甲醇、酸、鹼、氫氣、氯氣與甲醛製程。

3.發電：供水加熱、燃氣加熱、地熱發電。

4.冷凍：氨氣、鹽水、冷凍劑、氫、氮、甲烷、乙烷、丙烷等。

5.氣體分離業：氧氣。

4.4.4　瑪邦熱交換器

　　瑪邦熱交換器（Marbon heat exchanger）是英國洽特瑪斯頓公司（Chart Marston）所開發、由表面上具光罩蝕刻的插槽的不鏽鋼片疊成的熱交換器。不鏽鋼片經堆疊排列後，插槽會形成流道（**圖4-19**），而固體板片則成為鄰近流道的隔板。這個由擴散焊接而成的結構具有熱傳表面積大、熱傳係數高與彈性設計等優點[50]。由於它允許多流體以多迴路方式通過，可依使用者需求，組合或混和不同的流體，以達到最佳混和或熱傳效果。

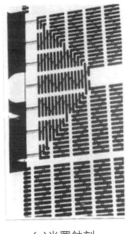

(a)光罩蝕刻

(b)插槽板層形成的流道

圖4-19　瑪邦熱交換器的組成板片[12]

　　英國BHR集團的研究人員曾探討應用此類交換器（**圖4-20**）作為水解、偶氮染料等化學反應器的可行性。他們發現由於反應熱可以由反應區

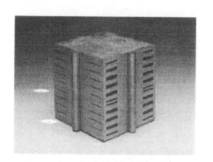

(a)未裝外殼但經擴散焊接的半成品　　　　　(b)成品

圖4-20　瑪邦熱交換器[12]

快速移除，可以大幅改善產品的選擇性。無論放熱或吸熱反應，反應熱愈
大，效果愈好[12]。

4.4.5　其他

　　微流道熱交換器亦可應用於電子設備的冷卻或精密化學製程（圖
4-21）。此類設備的流道直徑約50微米～1毫米之間，熱負荷高達15千瓦
／立方釐米（kW/cm^3）。

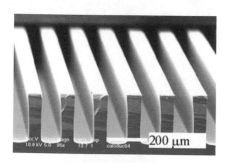
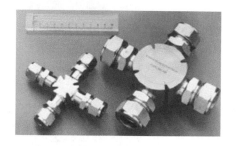

(a)電子設備冷卻　　　　　　　　　(b)化學反應

圖4-21　微流道熱交換器之應用[13]

4.5 混和設備

4.5.1 混和重要性

　　混和是每個人每天必須接觸的工作，泡咖啡、調味、洗澡等都受到混和的影響。在咖啡中加糖或湯中調味時，攪拌得均勻與否，直接影響氣味；洗澡時冷熱水混和不均，會燙傷皮膚。在實驗室內做化學實驗時，必須應用電動攪拌器以確保參與反應的物質混和均勻，否則會造成反應速率低或產生過多的副產品。當製程規模放大時，所產生的混和問題也隨之增加。

　　兩個或兩個以上的化合物發生反應前，必須經過擴散、混和與接觸的歷程。如果混和的不均勻，反應自然難以發生。如果以圍棋的黑白棋子代表兩個不同的化合物的分子，試圖模擬分子擴散、混和與接觸的過程時，我們很快的發現將**圖4-22**棋盤上的少數幾個黑白子混和配對輕而易舉，但是要把兩堆棋子配對得均勻就非常困難。換句話說，棋子數量愈多，愈難擴散與混和均勻。

圖4-22　圍棋子

　　如果擴散的速率慢與混和程度差，分子間碰撞機率低且接觸的時間少，化學反應的進行自然不如理想。因此，從宏觀的角度而言，化學反應的快慢受到質量傳輸與實際分子間的反應速率等兩個因素的影響。如果分子間反應速率比質量傳輸的速率快時，質量傳輸是控制反應速率的關鍵。如果分子間反應速率比質量傳輸的速率慢時，質量傳輸速率對反應的影響不大。由於機械設備無法改變化學分子本質的特性，如欲加速化學反應速率，唯有從宏觀的角度改善分子間質量傳輸。改善混和程度是加強質量傳輸最有效的步驟。換句話說，就是將代表分子的黑子與白子以較為整齊排列的方式依序相互配對時，不但節省時間，而且會配得很均勻。

4.5.2　靜態混和裝置

　　如圖4-23(a)所顯示，在一個具攪拌裝置的桶槽內，不但到達均勻所需的時間遠比在一個以亂流方式在管中流動的時間長，而且所需投資的馬達、桶槽等設備成本高與所需承擔的風險大。因此，充分利用流體的動能以達到混和的目的，遠比以機械方式驅動流體的混和簡單、便利與節約能源。靜態混和裝置就是在這種思維下所開發出的裝置。

　　顧名思義，靜態混和裝置本身雖然靜止，但由於它被內嵌於管路中，能改變所通過的流體的流動狀態，進而達到加強流體混和的程度（圖4-24）。它是1965年由美國著名的亞瑟理特管理與技術顧問公司——Arthur D. Little針對液態流體的混和所開發，後來又應用於氣體、液體中的分散氣體與不相容液體。它適用於6毫米～6米直徑的管路中。主要材質視流體特性而異，可以應用不鏽鋼、聚丙烯、特氟龍、聚乙烯、聚偏二氟乙烯、氯化聚氯乙烯、聚縮醛等[14]。

　　優點：

　　1.體積小、價格低廉。

　　2.管路內流體容量遠低於攪拌槽內容量，由本質的觀點而論，較為安

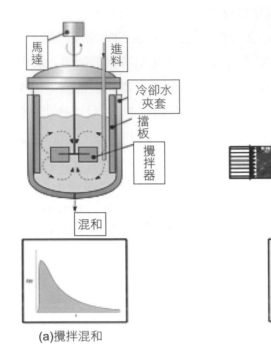

(a)攪拌混和   (b)管中亂流混和

圖4-23　混和

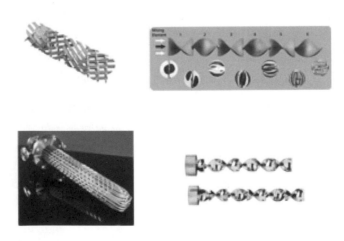

圖4-24　靜態混和裝置

全。

3.無轉動或移動元件，封緘與維護費用低。

4.相態間的質傳阻力低，質傳係數（kLa）高，約為傳統攪拌設備的10～100倍。

5.流體流動方式為栓流，所有流經此裝置的流體停留時間大致相同。

缺點：

1.停留時間短。

2.單位時間內流體流量與相互比例必須精確。

3.配量幫浦價格昂貴。

4.5.3　微混合器

微混合器（micromixer）是一種以微機械元件為基礎、相當於一根頭髮大小的微管道，能讓兩種或多種流體混和均勻，已普遍應用於製藥、精密化學品與生化材料製程上（圖4-25）。由於在微小的尺度下，雷諾數非常低，無法產生紊流，必須依賴流體的擴散，才可達到混和的目的[16]。

由於通道特徵尺度在微米級，雷諾數遠低於2,000，流動呈層狀流動，基本混和機理為[15]：

1.層流剪切：引入二次流，在流動截面上不同流線間產生相對運動，以引起流體變形、拉伸與折疊或增大待混和流體間的介面面積與減少流層厚度。

2.延伸流動：以流道幾何形狀改變流速，降低流層厚度。

3.分布混和：在微混合器內安裝靜態混合元件，以分割流體、減小流層厚度與增大流體間的介面。

4.分子擴散。

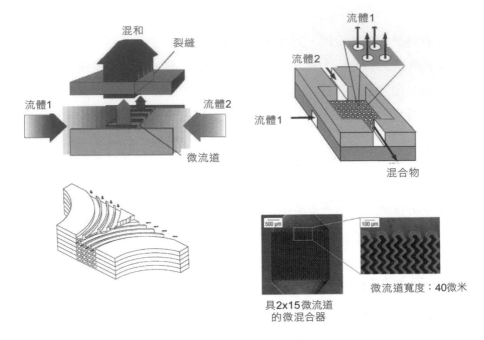

圖4-25 微混合器

　　微混合器可分為主動與被動兩種類型。被動式混合器可分為並聯多層、串聯多層、滴液、混沌對流與注射等類型，其設計理念與靜態混和裝置類似，是在不應用外力的情況下，以其本身的幾何結構，改變流體的流動模式，而達到混和的目的。其優點為製程簡單，但流道設計較為複雜。主動式混合器則應用超音波振動、壓力變化、電磁力及電動力（electrokinetics）等外力，干擾流體流動的特性與誘發流場，以產生流動不穩定度與混沌狀態，而達到加強混和的效果。其優點為混和時間快且易於控制，但需要可動元件，成本昂貴。

　　微混和技術可強化受質傳控制的多相反應，合成效率更高，適於高附加價值產品開發與高危害性產品的生產。

🧪 4.6 蒸餾

　　蒸餾是化學製程中最普遍的分離製程單元。無論是石油煉製或化學品的生產，皆需經過蒸餾程序才能將不同沸點與物理特性的產品分離出來。蒸餾塔的高度由數公尺至數十公尺不等，塔內存有大量的易燃性有機蒸氣與沸騰液體，且在加壓與高溫條件下操作。萬一洩漏而排放至大氣後，易燃性沸騰液體會因壓力降低後急速揮發，形成易於點燃爆炸的蒸氣雲。因此由製程安全的角度而言，新廠的設計與興建應優先考慮應用先進的分離程序，以降低操作運轉的風險。已經運轉經年的工廠應重新評估既有蒸餾塔的績效。

　　蒸餾塔的改善方法為：

1.應用嚴謹的設計方法。
2.應用高效率與容量較低的盤板與填料。
3.應用內部加熱方式。
4.應用虹吸式再沸器。
5.應用超重力旋轉填料床（Higee distillation unit）。

　　高效率填料與分配器已在4.2與4.3節中介紹，超重力旋轉填料床則列入第五章中討論。

4.6.1　應用嚴謹的設計方法

　　1970年代中期，大型電腦主機雖然已成為化工製程模擬與設計的主要工具，但是一直到1980年代末期止，蒸餾塔的設計仍然依據傳統的工程設計經驗與規範，電腦模擬數據僅供參考而已。因此，以現代的技術眼光而言，既有煉油與石化工廠中，仍然存在許多設計保守且績效不彰的蒸餾設備，值得重新評估與改善。

由於軟硬體技術成長迅速，1990年後，多元物質混合物質的蒸餾計算可在個人電腦上進行。由於工程師可迅速的應用ASPEN PLUS、SIMSCI PROII、HYSIM或ChemCAD等製程設計軟體在個人電腦上模擬蒸餾塔內氣／液濃度及比例、溫度與壓力的變化等，因此除了平時可以協助生產工程師調整操作條件外，還可評估既有設備的績效，以作為更新替換的依據。

電腦軟體雖然可以幫助工程師計算出蒸餾分離所需的理論平衡階段或理論盤板數，但是設計時仍需依據過去操作經驗值取得實際盤板效率。由於盤板效率會隨著內部裝置腐蝕、老化或堵塞而降低，因此必須定期評估其績效與維修，以確保蒸餾分離後產品的品質。

4.6.2　應用容量較低的盤板與填料

盤板是蒸餾塔中蒸氣與液體接觸與平衡的裝置，盤板的型式與效率直接影響蒸餾塔的分離績效、高度與成本。安全角度而論，選擇盤板時，除了考慮效率外，還應考慮盤板所盛裝的液體容量，因為一個蒸餾塔中有十幾至幾十個盤板，使用液體容量較低的盤板自然可以大幅降低塔中危害性物質的數量。傳統的閥盤（valve tray）、篩盤（sieve tray）中所盛裝的液體高度約40～100毫米，填料的理論盤板高度約30～70毫米，而薄膜盤（film tray）僅10～20毫米。

4.6.3　應用內部加熱方式

一個標準的蒸餾系統除了塔身外，還有一個加熱底部液體的再沸器與冷凝由塔頂排放蒸氣的冷凝器。以內部加熱或冷卻方式（**圖4-26**）以取代再沸器或冷凝器可以降低洩漏的機率。

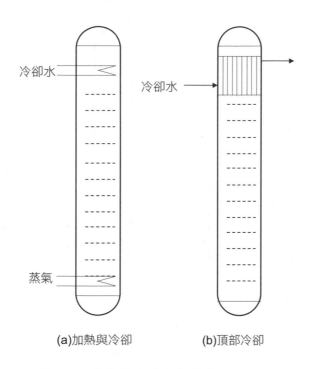

(a)加熱與冷卻   (b)頂部冷卻

圖4-26   蒸餾塔中內部加熱與冷卻設計

4.6.4   應用虹吸式再沸器

　　虹吸式再沸器內流體運動是由上下溫度不同所造成的密度差異所驅動(自然對流),較傳統壺式再沸器容量低、體積小、流速高且價格低廉,宜優先考慮。

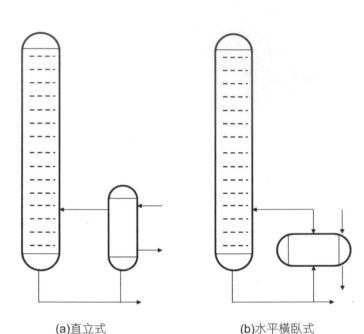

(a)直立式　　　　　　　　　(b)水平橫臥式

圖4-27　虹吸式再沸器

🧪 **4.7** 薄膜分離

4.7.1　簡介

　　薄膜分離（membrane separation）是應用具有特殊大小的孔徑與選擇性的材料以分離混合物的程序。由於薄膜分離是物理過程，主要的驅動力為壓力差，不僅不需能量，也不會發生相的變化，遠較傳統蒸餾、萃取、沉澱等分離程序簡單便利。薄膜分離具有選擇性高、操作簡易、能源節約與易於放大等優點，已經廣泛地應用於各種產業。

　　薄膜依據其孔徑的不同（或稱為截留分子量），可分為下列四類（圖4-28）：

1.微濾膜（MF）：孔徑介於0.05～10μm之間，可阻擋直徑大的菌體、懸浮固體等，多應用一般料液的澄清、過濾與空氣除菌等。

2.超濾膜（UF）：孔徑介於1～100nm之間，可分離分子量介於1,000～300,000的物質。

3.奈米濾膜（NF）：孔徑則介於RO及UF之間，可以阻擋分子量在200～1,000間的固體粒子。

4.逆滲透膜（RO）：孔徑小於1nm，可以阻擋如Na^+，Cl^-等一價離子的透過。

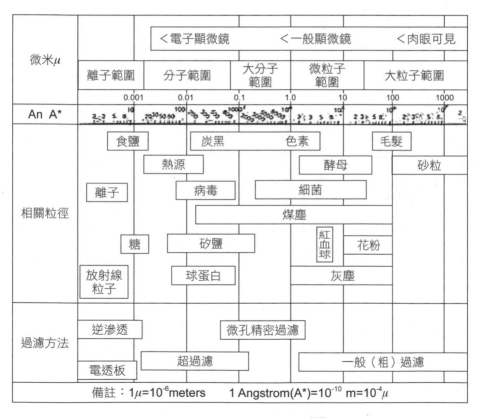

圖4-28　薄膜分類與應用[18]

其中逆滲透膜因具有成本低、水質佳與操作方便等優點,已廣泛應用於民生水純化、醫藥、電子、化工、食品、海水淡化等領域中。

薄膜依據材料的不同,可分為無機膜和有機膜。無機膜以陶瓷或金屬材料製成,其過濾精度較低,選擇性較小。有機膜是由醋酸纖維、芳香族聚醯胺、聚醚碸、聚氟聚合物等高分子塑膠材料所加工而成。

4.7.2　應用

一、水處理

如欲去除水中的細菌或懸浮粒子,可以採用微濾膜。若要去除病毒、蛋白質等膠體粒子,或是染料、高分子等有機物,常採用超濾膜。要去除所有的離子,需用逆滲透膜。但若只需去除二價以上的離子,或分子量數百的分子,可以採用奈米膜。目前薄膜已成功地應用於電鍍、紡織、紙漿、油脂等工業與含揮發性有機物的廢水處理。其缺點為薄膜價格昂貴且壽命短,常需更換,操作成本過高[19]。

二、氣體分離

氣體分離膜其主要材料為醋酸纖維、芳香族聚醯胺、聚醚碸、聚氟聚合物等,已成功地應用於下列製程中:

1.由石油裂解氣體中將氫氣分離出來,以提供加氫脫硫使用。

2.自空氣中將氮氣與氧氣分離出來。

3.自天然氣中將二氧化碳與硫化氫分離出來。

4.二氧化碳的回收。

5.空氣富氧化。

6.天然氣中氫氣、氦氣回收等。

4.8 結語

　　以高效能裝置加強物質分子間的混和程度、質傳與熱傳效率和速率是直接降低危害性物質的使用量與混和設備、熱交換器、蒸餾塔或反應器體積的最佳策略。由於這些裝置為物理原理的應用，不會改變物質的化學特性，但可大幅提升製程的本質安全。目前，這些高性能裝置不僅已開始應用於化工製程中，而且進入了日常生活用品之中。

參考文獻

1. Götze, L., Bailer, O., Moritz, P., von Scala, C. (2001). Reactive distillation with KATAPAK®. *Catalysis Today, 69*, 201-208.

2. Kearney, M. (1997). Engineered fractal cascades for fluid control applications. Proceedings, Fractals in Engineering June 25-27, Arcachon, France.

3. Kochergin, V., and Kearney M. (2006). Existing biorefinery operations that benefit from fractal-based process intensification. *Appl Biochem Biotechnol*, *130*, 349-360.

4. Coppens, M. O., and van Ommen J. R. (2003). Structuring chaotic fluidized beds. *Chem. Eng. J., 96*(1-3), 117-214.

5. 王啟川（2007）。《熱交換器設計》。台北：五南圖書。

6. Pan, M., Smith, R., Bulatov, I. (2012). Improving Energy Recovery in Heat Exchanger Networks with Intensified Heat Transfer, CAPE Forum 2012-INTHEAT Training Workshop Centre for Process Integration, The University of Manchester, Manchester, UK.

7. Keltz, T. A. (1991). *Design for Plant Safety*. Hemisphere Publishing Corp., New York, N. Y.

8. Pan, M., Jamaliniya, S., Smith, R., Bulatov, I., Gough, M., Higley, T., Droegemueller, P. (2013). New insights to implement heat transfer intensification for shell and tube heat exchangers. *Energy, Vol. 57*, issue C, 208-221.

9. 高力（2014）。〈組合型板式熱交換器〉。桃園縣：高力熱處理工業股份有限公司。

10. Moheisen, R. M. (2009). Transport phenomena in fluid dynamics: Matrix heat exchangers and their applications in energy systems. Contract No. FA 4819-07-D-0001, Air force research laboratory, Materials and manufacturing directorate. Tyndall Air Force Base, FL.

11. Chem DB (2014). Printed circuited heat exchanger (PCHE), Chemical engineering knowledge base, http://www.chemkb.com/equipments/heat-exchangers/printed-circuit-heat-exchanger-pche/.

12. Phillips, C. H. (1999). Development of a novel compact chemical reactor-heat exchanger. *BHR Group Conference Series Publication, Vol. 38*, 71-87.

13. Thonon, B., Tochon, P. (2004). Compact multifunctional heat exchangers: A pathway to process intensification. in Re-Engineering the Chemical Processing Plant, Marcel Dekker.

14. Wikipedia (2014). Static mixers. http://en.wikipedia.org/wiki/Static_mixer.

15. Harnby, N., Edwards, M. F., Nienow, A. W. (1997). *Mixing in the Process Industries*. Butterworth-Heinemann.

16. 樂軍、陳光文、袁權（2004）。〈微混合技術的原理與應用〉。《化工進展》，第23卷，第12期，頁1271-127。

17. Stefanidis, G., Stankiewicz, A., Structure: Process intensification in spatial domain, Course materials. MS course in process intensification, Delft University of Technology, The Netherlands.

18. Waterinfo（2008）。〈分離膜技術〉。台灣水科技網，http://www.waterinfor. com/index.php?option=com_k2&view=item&id=95:%E5%88%86%E9%9B%A2%E 8%86%9C%E6%8A%80%E8%A1%93&Itemid=78&tmpl=component&print=1

19. 王大銘（2004）。〈薄膜分離技術於廢水處理之應用概述〉。《經濟部工業局工安環保報導》，第23期。

CHAPTER 5

強化三：替代能源

5.1 前言

　　能量不僅可以改變反應分子移動、振動的方位與速度，也會打斷原子間的鍵，以造成分子的裂解。原分子間的組合可能會釋放能量；因此，只要控制化學反應的能量變化，就可以加速或減緩反應的速率與產品的選擇性。圖5-1顯示一個化學反應的能量與反應坐標的關係。反應物必須經過激發，克服活化能障礙，到達中間過渡的狀態後，才會順利地形成新的物質。如果形成物的位能低於反應物時，會釋放出能量。形成物位能低於反應物時，則必須由外界吸收能量，以維持反應的進行；前者稱為放熱反應，後者稱為吸熱反應。

　　熱能是最普遍的激發化學反應的能量形式。小型試管中的反應至日產千噸的大型化工廠中，熱能以燃燒、蒸氣或熱交換方式提供製程單元的

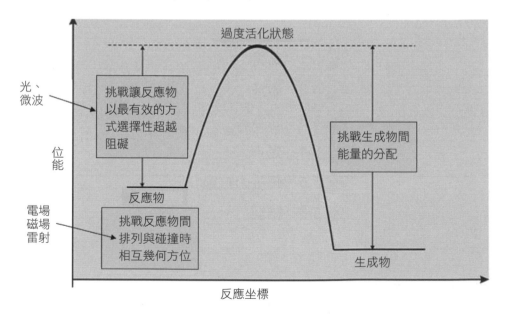

圖5-1　位能與反應坐標的關係

能源需求；然而，其他能量形式如電場、磁場與雷射可影響反應物的幾何方位與排列，而光與微波則可提供足夠的能量，激化分子。它們在特殊的領域中，遠較熱能更能大幅提升化學反應的速率或製程單元的效率，值得吾人探討與推廣。

　　本章僅介紹微波、超音波、太陽光與超重力等已應用於工業製程或未來具商業化潛力的能源形式，以供參考。

5.2 微波

5.2.1　加熱原理

　　微波是一種波長介於1毫米～1米間的電磁波，頻率介於300GHz～300MHz之間。當微波與物質碰撞時，會因物質物理特性不同，而產生不同的結果：

1. 與金屬類的導電體相遇後，會被反射回去。
2. 與非極性物質相遇後，允許微波通過，而不產生熱量。
3. 由於微波的頻率與分子的轉動頻率類似，因此當微波被水、酸、醇、醛類等極性物質或高介電常數的物質接觸後，會被吸收，造成分子的轉動、振盪與加熱。

微波加熱與傳統化工製程的熱傳加熱方式不同的地方有下列四點：

1. 微波加熱是內部能量的偶和，傳統加熱則由外部以輻射、對流或傳導等方式進行。
2. 微波將所暴露的全體物質同時加熱，而傳統加熱方式則只能直接將熱能提供至物體的表面，必須經由熱傳導方式將內部加熱。
3. 微波加熱速率遠比傳統方式快速。

4.微波對於物質的加熱效果有選擇性，僅能影響極性物質；傳統加熱
　　方式對任何物質皆一視同仁，並無選擇性。

　　由**圖5-2**可以看出，在傳統的油浴加熱中，油浴管壁溫度首先上升，
然後再將熱量傳至溶劑；因此溶劑與管壁間永遠有溫度的差異。然而，在
微波加熱中，只有極性的溶劑與溶質會被均勻地加熱。因此微波適於同時
處理幾個反應的發生，而且可提供反應物均勻的加熱條件。由**表5-1**所列
的數據，可以看出，微波比傳統熱源更適於作為有機化學反應的熱源，因
為它能在較短的反應時間內，達到更高的產率。

5.2.2　應用範圍

　　微波加熱技術已成功地應用於生物技術、製藥、石油、化學與塑膠
等工業的化學分析與合成上，不過規模小，且僅限於實驗室內，尚未擴展
至生產階段。

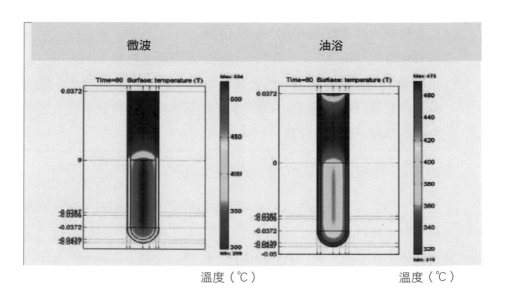

圖5-2　微波與油浴加熱比較[1]

表5-1　微波與傳統熱源對化學反應時間與產率的比較[1, 2]

反應	反應時間		產率（%）	
	微波	傳統熱源	微波	傳統熱源
螢光素（Fluorescein）合成	35	600	-	-
以尿素縮合安息香	8	60	-	-
比吉內利（Biginelli）反應	35	365	-	-
苯甲醯胺水解產生苯甲酸	10	60	99	90
甲苯氧化產生苯甲酸	5	25	40	40
苯甲酸與甲醇產生酯化反應	5	480	76	74
氰基酚離子與氯苯反應	4	960	93	89
烯類芳基化反應	3	1,200	68	68

一、分析化學

微波已成為下列各種分析的主要工具：

1. 灰化：微波回熱爐（muffle furnace）比傳統回熱爐效率高（約97%），溫度高達1,000～1,200℃之間，且可同時處理大量樣品。

2. 消化：縮短樣品準備與加熱時間，由於可在175℃下消化，速率比在95℃傳統設備中快100倍。

3. 萃取：比傳統索式萃取法快速，且使用的溶劑體積少。以微波方式萃取500次所需的溶劑量，如用索式萃取裝置，則僅能萃取32次。

4. 蛋白質水解。

5. 水分與固體分析。

6. 光譜分析。

二、化學合成

應用微波作為化學反應的熱源，可以提升反應速率、產率與產品純度。適用於微波輔助的有機化學反應為：

1.第爾斯—阿爾德反應（The Diels-Alder reaction）。

2.經由第爾斯—阿爾德式環化（Diels-Alder cycloreversion）反應的大型有機分子的外消旋化（racemization）反應。

3.烯反應（The Ene reaction）。

4.赫克反應（Heck reaction）。

5.鈴木反應（Suzuki reaction）。

6.曼尼克反應（Mannich reaction）

7.β-內醯胺（β-lactams）氫化。

8.水解、脫水、酯化、還原、環化加成、環氧化、縮合、環化。

9.保護和脫保護。

5.2.3 優點

1.增加反應速率：微波可快速增加反應物的溫度，可提升反應速率10～1,000倍不等（表5-1）。在水溶液中以微波加熱，溫度可達110℃，比以傳統電熱板或瓦斯爐加熱時高。微波可提升固體觸媒的溫度，因此應用微波，可分別提升環乙烯氧化與己腈水解反應速率200%與150%。以下列1,4-丁二醇（butane-1,4-diol）與琥珀酸（succinic acid）的聚合酯化反應為例——以微波加熱所需反應時間僅為傳統的十分之一，但產生的聚丁二酸丁二醇酯的分子量為原有的1.6倍（圖5-3）。

2.高產率。

3.均勻加熱：由於微波以電磁波方式可直接造成水分子的振盪而發熱，不會受到溶液中熱傳係數與攪拌的影響，因此加熱效果均勻（圖5-2）。

4.選擇性加熱：僅對極性分子加熱。由於硫磺的揮發性高，快速加熱硫磺會產生大量硫磺蒸氣而導致爆炸，因此以傳統加熱方式生產金

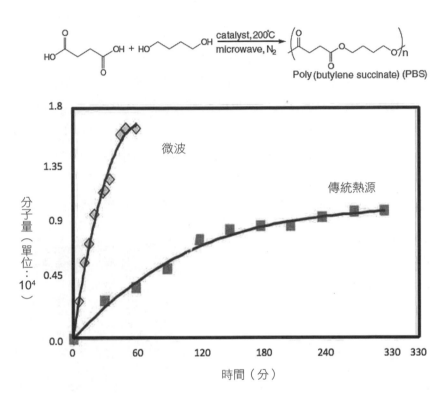

圖5-3　1,4-丁二醇（butane-1,4-diol）與琥珀酸（succinic acid）的聚合酯
化反應分子量隨時間的變化[5]

屬硫化物時，速度極慢，必須花費數週時間。然而，由於微波可穿
透硫磺，但是不會加熱，僅會加熱金屬；因此反應可快速進行，而
沒有爆炸危險。

5. 對環境友善：微波加熱不僅速度快、反應時間短，而且溶劑使用量
少，因此所產生的廢棄物與汙染物的數量亦少。

6. 再現性佳：加熱均勻，易於控制反應參數，因此再現性佳，適於新
藥的開發。

5.2.4　限制

1.難以放大：市售微波反應器僅為實驗室規模，產量僅數公克左右（圖5-4(a)），無法進行大規模商業化生產。2010年，Cambrex公司的謬爾博士（Dr Jayne E. Muir）所開發的CaMWave KiloLAB連續式微波合成系統（圖5-4(b)）。此系統在24小時內可處理1,000公升液體，產生20公斤產品。

2.應用範圍窄：僅能加熱極性分子，所能適用的反應受限。

(a)美國CEM公司開發的Voyager微波合成器[3]

(b)美國Cambrex開發的CaMWave KiloLAB連續式微波合成器[4]

圖5-4　微波合成器

5.3 超音波

5.3.1　基本原理

　　人類耳朵可以聽到聲音頻率的最高閾值為20千赫（KHz），因此，頻率超過此閾值的聲波或振動皆稱為超音波。目前已廣泛應用於醫學、有機

合成、奈米材料、生物化學、分析化學、高分子化材、表面加工、生物技術及環境保護等方面。

在醫學或科學上所使用的頻率多介於1～10百萬赫（MHz）間，其對應的波長介於10～0.010釐米之間，遠大於奈米級的分子尺；因此，超音波並非直接與分子作用，而是藉由超音波通過液體時所產生的空穴效應（cavitation）。空穴效應包括氣核出現、微泡成長與爆裂等三個步驟。氣泡會在超音波稀疏的區域膨脹長大或充氣，而在壓縮區域塌陷、破裂或產生大量微泡。由於微泡爆裂時，可在局部空間內產生高達2,000巴的壓力，中心溫度高達3,000～5,000K（**圖5-5**）[9]。

5.3.2　聲化學

聲化學（sonochemistry）係指應用超音波加速化學反應與提高化學產率的跨領域學門。由於在液體中所應用的超音波的頻率約0.15～10百萬赫，其對應的波長介於10～0.015釐米之間，遠大於奈米級的分子尺，因

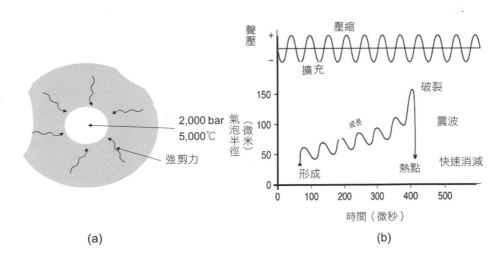

(a)　　　　　　　　　　　　　(b)

圖5-5　(a)超音波氣泡；(b)氣泡形成、成長與破碎[1]

此聲化學反應並非來自於聲波與分子的直接作用，而是在液體中產生空穴效應後所引發的物理、化學變化。聲化學可加速化學反應、降低反應條件、縮短反應誘導時間與促進傳統方法難以進行的化學反應、改變反應途徑與產品分配比率等等。

超聲波化學反應可分依介質不同而分為水相與非水相兩大類。

一、水相中的聲化學

在超音波的作用下，水會分解為氫氧自由基和氫原子，因此可誘發出一系列的化學反應；二氯甲烷（CH_2Cl_2）、氯仿（$CHCl_3$）、四氯化碳（CCl_4）等有機鹵化物的碳氫鍵斷裂，而生成自由基；對蛋白質、酶等生物分子產生氧化還原作用。由**表5-2**的數據可以看出超音波對特殊化學反應確實能縮短反應時間與提升產率。

表5-2　超音波對化學反應的影響[8]

反應	反應時間（時）		產率（％）	
	傳統	超音波	傳統	超音波
第爾斯─阿爾德（Diels-Alder）環化反應	35	3.5	77.9	97.3
二氫化茚（Indane）氧化	3	3	<27	73
甲氧基氨基矽甲烷（Methoxyaminosilane）還原	無反應	3	0	100
長鏈不飽和脂肪酸酯的環氧化	2	0.25	48	92
芳烴類氧化	4	4	12	80
硝基烷的邁克加成（Michael Addition）	48	2	85	90
2-辛醇的高錳酸鹽氧化	5	5	3	93
查爾酮（Chalcones）合成	1	0.17	5	76
2-碘硝基苯偶合	2	2	<1.5	70.4
列福爾馬茨基（Reformatsky）反應	12	0.5	50	98

二、非水相中的聲化學

尚在起步階段，研究主要集中均相合成反應、金屬表面的有機反應、相轉移反應、固液兩相介面反應、聚合及高分子解聚反應等。

5.3.3 汙染防制

超音波可以擊破固體汙泥的結構，利於汙水的生物處理。工業技術研究院曾利用超音波汙泥水解反應器配合後續生物程序的處理，工業性生物廢棄汙泥之減量效率可達40%，而加鹼汙泥水解技術約可達20%的減量效果。再以汙泥前處理技術之成本分析而言，超音波的處理成本約為840元／噸汙泥（含水率80%），而加鹼水解的處理成本約為1,960元／噸汙泥（含水率80%）。以超音波汙泥前處理技術為例，其投資與運轉成本的回收年限預估約為3.5年[10]。圖5-6為英國Ovivo工程公司開發的Sonolyzer超音波固體汙泥分解器外型。

圖5-6　Ovivo公司開發的Sonolyzer超音波汙泥分解器[11]

5.3.4　衝擊波

當爆炸、物體以超音速移動或高壓放電等現象發生時，會產生一種干擾波。此種干擾波稱為衝擊波（shockwave）或衝擊面（shock front）。它可以在固體、液體或氣體等介質中傳播並傳遞能量，導致介質的壓力、溫度、密度等物理性質的跳躍式改變，但它的能量會隨距離而消減（圖5-7）。

1995年，瑪蒂克（A. T. Mattick）等設計一種衝擊波碳氫化合物熱解反應器（圖5-7），讓高溫氣態載體與反應物經過噴嘴在超音速的速度下混和後加熱，可提升20%乙烯產量，節省15%的能源需求。

1997年，美國普萊克斯公司（Praxair, Inc.）開發出一個Cojet超音波氣體注射系統，可應用超音波衝擊波的能量將氣體散布於微氣泡中，可以加強質量傳輸的介面積。氧氣在水中的轉移率為T形混合器的10倍，每秒質傳係數高達20[13]。普萊克斯公司的Cojet氧氣注射系統已應用於24座以上的電弧煉鋼爐中，可降低生產成本與提高11.4%生產力[14]。

1998年，德國梅瑟‧格里斯海姆公司（Messer Griesheim GmbH）開

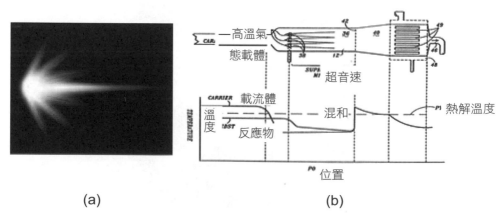

(a)　　　　　　　　　　　　　　　(b)

圖5-7　(a)衝擊波；(b)衝擊波反應器[12]

發出超音波氧氣噴嘴（**圖5-8**）[14]。拜爾（Bayer AG）應用這種噴嘴將氧氣以超音速注射於分解硫酸鐵的流體化床爐中，可提升124%處理量。此噴嘴應用於汙泥焚化爐中，可增加40%處理量[15]。

　　DSM公司將氧氣以接近音速的速度注入大型發酵槽中，可提高酵母生產力一倍（**圖5-9**）[16]。

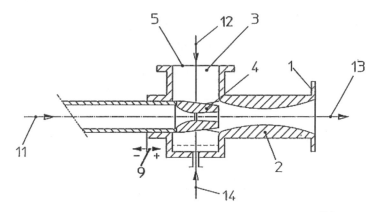

圖5-8　Messer Griesheim GmbH超音速噴嘴[14]

圖5-9　DSM公司的近音速氧氣注射器[16]

 **5.4 光**

光化學（photochemistry）是探討物質受可見光或紫外光的影響而產生化學效應或變化的分支學門。由於分子吸收光能後，電子結構會由基底狀態跳至激發狀態，因此光化學也可稱為探討電子激發狀態的物理與化學變化的學問。

光化學反應可引起化合、分解、電離、氧化還原等過程。它可分為兩大類：一類是光合作用，另一類則是光分解作用。前者是促進植物生長的主要因素，後者是造成染料在空氣中的褪色、膠片的感光作用、大氣中氧氣吸收紫外線後分解為氧原子等的主要原因。

5.4.1　化學品生產

應用可見光或紫外光源，以誘導化學反應的發生具有下列的優點[17]：

1. 個別反應物的選擇性激發。
2. 分子的電子激發狀態的特殊反應性。
3. 反應系統的熱負荷低。
4. 精確的空間時間與能量的控制。

其缺點為：

1. 吸收特徵：只有被反應物吸收的光線才能激發反應。
2. 若生成物也會吸收光源時，光化學反應會快速地消失。
3. 如果產能受限於光源的能量時，投資成本高。
4. 光比熱能昂貴，因為電能生產與電能轉換為光能時皆會損失大量能量。

化工業將光化學反應引進於化學品生產過程中的主要目的為降低生產成本，其主要焦點為：

1. 光合成。
2. 與照相有關的光敏感化合物的合成。
3. 塑膠與人纖的紫外光穩定劑的開發。
4. 具特殊光譜特性化合物合成，如耐光染料、光增白劑、螢光染料、化學發光系統等。
5. 與生態有關的研究，如光煙霧、太陽能的化學儲存。

一、玫瑰醚

玫瑰醚（rose oxide）又名氧化玫瑰，學名為2-（2-甲基-1-丙烯基）-4-甲基四氫吡喃（$C_{10}H_{18}O$），化學結構如**圖5-10**所顯示。

它是存在於玫瑰油與香葉油的無色至淡黃色、玫瑰花香的液體。玫瑰醚自1959年由保加利亞玫瑰油中提煉出來後，已成為重要的香水原料。它可由下列方法合成：

1. 從玫瑰油或香葉油中分離。
2. 以相對應的環氧酮為原料，與甲基溴化鎂反應，脫水而得。
3. 以 β-香茅醇為原料，用過氧乙酸氧化，生成環氧化合物，與二甲胺反應，用過氧化氫氧化，最後在酸性溶液中還原而得。

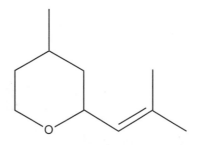

圖5-10　玫瑰醚化學結構式

　　自從德國Dragoco公司開發出香茅醇（citronellol）光氧化製程後，已成為主要生產玫瑰醚的製程。此製程係以香茅醇為原料，先在45～55℃下進行光氧化，先在鹼性溶液中生成二醇，然後在硫酸作用下脫水環化後製得[18]。反應方程式如**圖5-11**所顯示。**圖5-12**為Dragoco公司所開發的年生產量為40～100噸的光氧化反應器。

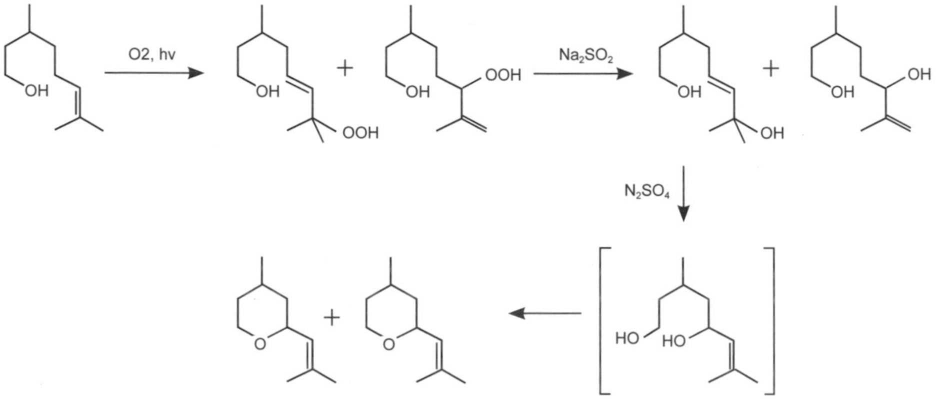

圖5-11　以香茅醇（citronellol）為原料，經光氧化反應產生玫瑰醚的反應式

圖5-12　Dragoco公司的光氧化反應器[19]

二、環己酮肟

環己酮肟（cyclohexanone oxime, $C_6H_{11}NO$），化學結構如**圖5-13**所顯示。它是白色棱柱狀晶體，是合成的己內醯胺的重要的化學原料。環己酮肟可由環己酮與羥胺在酸性條件下，經縮合反應而合成[20]。日本東麗工業自1963年起，即以環己烷與亞硝酰氯為原料，在汞蒸氣燈所產生的紫外線照射下，生產環己酮肟（**圖5-14**）。

2003年，環己酮肟年產量已達16萬噸。由於環己烷較環己酮便宜，轉化率又高達80%，遠較其他的製程的9～11%高出8倍之多，而且還節省其他中間過程[21]。

其缺點為：

1.量子產率低，僅0.7左右，一個60千瓦的燈每小時只能生產24公斤（180噸／年），每公斤約需2.5度，僅適於電價較低的地區。
2.汞蒸氣燈必須訂製，投資與替換費用高。
3.亞硝酰氯具腐蝕性。

依據電腦模擬的結果，如果應用雙曲線形聚光板取代汞燈，投資成

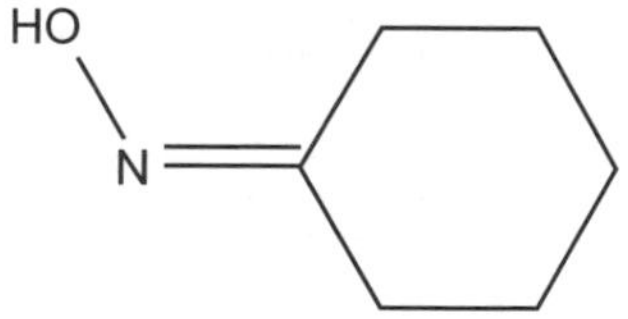

圖5-13　環己酮肟化學結構式

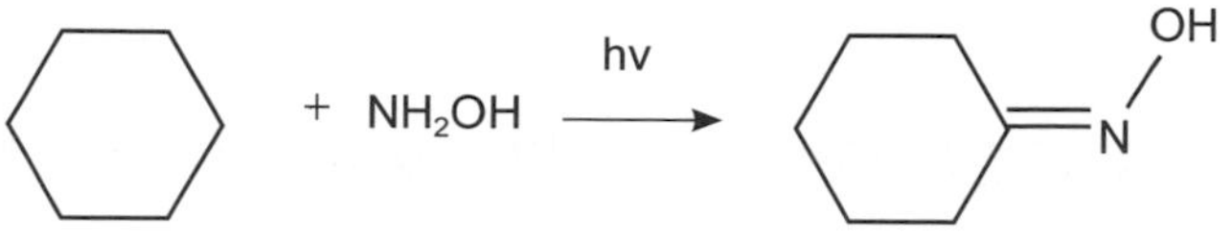

圖5-14　環己烷與亞硝酰氯產生環己酮肟的反應方程式

本雖會增加85%，但電費與冷卻費用僅為原製程的四分之一與八分之一。由於維護與電費成本大為降低，仍然值得以太陽光取代汞蒸氣燈[22]。

三、1,1,1-三氯乙烷

1,1,1-三氯乙烷又稱甲基氯仿（CH_3CCl_3），是一種工業溶劑，廣泛應用於金屬及電路板清潔、電子業用作照片抗蝕、墨水、印刷、膠黏劑等塗層去除等。它是1840年由法國化學家勒尼奧（Henri Victor Regnault）所發現。1950年代至1995年間，是主要的工業溶劑之一。由於它會消耗大氣中的臭氧，1995年，「蒙特婁公約」禁止及限制其應用。

1,1,1-三氯乙烷可由1,1-二氯乙烷與氯氣在光線照射下產生。由於此製程產率高與選擇性佳，而且反應溫度低僅80～100度，遠低於其他製程的350～450度，因此是最主要的工業製程。一個標準廠的年產量約30萬噸（圖5-15）。

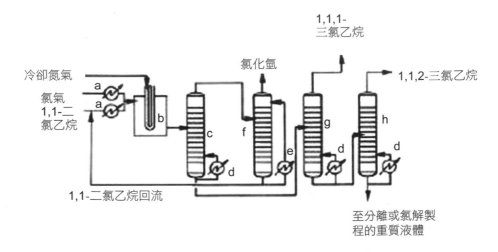

圖5-15　1,1-二氯乙烷與氯氣在光線照射下，產生1,1,1-三氯乙烷的製程[24]

5.4.2　光觸媒作用

光觸媒作用（photocatalysis）是應用二氧化鈦（TiO$_2$）、磷化鎵（GaP）、砷化鎵（GaAs）等物質為觸媒，以加速光化學反應。早在1930年代文獻便有記載光觸媒。常用的光觸媒有磷化鎵、砷化鎵、氧化鋅（ZnO）等等，最廣泛使用的始終是二氧化鈦。因為二氧化鈦的氧化能力強、化學性安定又無毒。自1968年日本東京大學教授藤嶋昭發現二氧化鈦的光觸媒特性後，二氧化鈦成為最普遍的材料。

光觸媒具有下列特點[12]：

1. 全面性：光觸媒可以有效地降解多樣汙染物質，如甲醛、苯、甲苯、二甲苯、氨、VOCs等，並具有高效的消毒性能，能將細菌或真菌釋放出的毒素分解及無害化處理。
2. 持續性：在反應過程中，光觸媒本身不會發生變化和損耗。在光的照射下，以持續不斷的淨化汙染物，具有時間持久、持續作用的優點。
3. 安全性：無毒、無害，對人體安全可靠。最終的反應產物為二氧化碳、水和其他無害物質，不會產生二次汙染。
4. 高效性：光觸媒利用太陽能或光能就能將擴散的環境汙染物在低濃度狀態下清除淨化，無須再使用其他能源。

光觸媒的應用非常多，在民用方面，以液態光觸媒噴液以及燒鑄光觸媒薄膜最為常見。只要噴塗在物件的表面，例如：牆壁、建築物外牆或汽車內部等，便能產生除味、殺菌、防霉、自潔的效果。

一、空氣淨化

光觸媒普遍的應用於空氣淨化、殺菌、除臭、防汙等[23]：

1. 空氣淨化：對甲醛、苯、氨氣、二氧化硫、一氧化碳、氮氧化物等影響人體健康的有害物質有淨化作用。
2. 殺菌：殺死大腸桿菌、黃色葡萄球菌等，分解由細菌屍體上釋放有害物質。
3. 除臭：可去除香菸、廁所、垃圾、動物等所產生的惡臭。
4. 防汙：防止油汙、灰塵、浴室中的黴菌、水鏽、便器的黃鹼、鐵鏽與塗染面褪色等產生。

此外，光觸媒還有淨化水質的功能，且表面具有超親水性，防霧、易洗、易乾等效能。

二、水純化

將光觸媒應用於水處理時，觸媒會失去活性，導致反應速率慢、光效率低等問題，因此必須經過改質，否則無法達到工業應用的需求。目前由下列兩個方向進行改質：

1. 改變光觸媒結構及成分，以避免激發狀態的電子再重合。
2. 增加光觸媒量子產率著手，將奈米級光觸媒變成量子粒子時，不僅大幅減少光散射現象，且增加接觸表面積。

目前僅有少數應用案例。

三、產氫

1972年，日本東京大學教授藤嶋昭（Akira Fujishima）與研究生本多健一（Kenichi Honda）發現光觸媒亦可應用於水的分解，以產生氫氣。在紫外光的照射下，效率最高的光觸媒是以鑭、鈦酸鈉與氧化鎳所組成的觸媒。此觸媒是先將鈦酸鈉表面以奈米工序刻槽（3～15奈米），再添加鑭，最後再將氧化鎳塗布在邊緣。氧氣會從凹槽中排放出來，而氫氣則由

表5-3　會造成水分解的光觸媒[14, 25]

紫外光	可見光		
水分解 ANb_2O_6 $Sr_2Nb_2O_7$ $Cs_2Nb_4O_{11}$ $Ba_5Nb_4O_{15}$ $ATaO_3$ $NaTaO_3$:La ATa_2O_6 $K_3Ta_3Si_2O_{13}$ $K_3Ta_3B_2O_{12}$	水分解 $SrTiO_3$:Rh-$BiVO_4$ $SrTiO_3$:Rh-Bi_2MoO_6 $SrTiO_3$:Rh-WO_3	氫釋放 ZnS:Cu ZnS:Ni Zns:Pb,Cl $NaInS_2$ $AgGaS_2$ $CuInS_2$-$AgInS_2$-ZnS $SrTiO_3$:Cr,Sb $SrTiO_3$:Cr,Ta $SrTiO_3$:Rh	氧釋放 $BiVO_4$ Bi_2MoO_6 Bi_2WO_6 $AgNbO_3$ Ag_3VO_4 TiO_2:Cr,Sb TiO_2:Ni,Nb TiO_2:Rh $PbMoO_4$:Cr

邊緣排出[16]。目前，紫外光光觸媒產氫量可達2,180mmol/g-hr，可見光光觸媒產氫量可達940mmol/g-hr。**表5-3**列出主要的光觸媒。

四、光觸媒反應器

傳統常用的光觸媒反應器如泥漿、薄膜、流體化床或填充式反應器各有其優缺點（**表5-4**）。泥漿式反應器的質傳效率高，但光線難以深入，而且由於觸媒懸浮於反應介質中，必須應用過濾設備或其他固液分離方式，以回收觸媒。薄膜式反應器的光照效率高，但受限於單位介質流體體積的觸媒表面積小，質傳速率低。如欲提高光觸媒反應器的效能時，必須考量下列三個主要因素（**圖5-16**）：

1. 光能傳輸：光源種類、強度、波段、光照方式、反應介質的吸收率。
2. 質量傳輸：反應介質、流體力學、混和等。
3. 觸媒：特性、粒徑、類型、載體等。

改善光能傳輸可以應用LED（發光二極體）燈取代傳統汞蒸氣燈或自然光，再以光纖作為光傳輸導體。將觸媒固定單層反應器、旋轉碟或微反

表5-4 光觸媒反應器的比較[25]

型態	優點	缺點
泥漿反應器	• 具有充足的表面積 • 觸媒可完全與光線接觸 • 適於反應動力研究	• 須增設過濾裝置，以回收懸浮的觸媒
薄膜反應器	• 不需要固液分離裝置 • 光線垂直照射、效率高	• 觸媒使用量受限制、表面積小 • 反應速率受制於質傳速率
二氧化鈦 粉末	• 提供足夠的表面積 • 未照到光線的觸媒仍可作為吸附劑或催化其他化學反應，兼具過濾床功能	• 壓損大、未照到光的部分 • 不具光活性、光利用率較低
填充被覆	• 足夠表面積	• 填充密度不易控制
二氧化鈦載體	• 光線貫穿深度增加的載體 • 載體大小不受約束 • 不受光線反射和散射影響	• 反應器尺寸不受限制
流體化床	• 類似泥漿反應器，適於反應動力研究 • 觸媒可充分照射光線	• 觸媒磨擦耗損大 • 觸媒會磨損管壁 • 流量變化範圍小

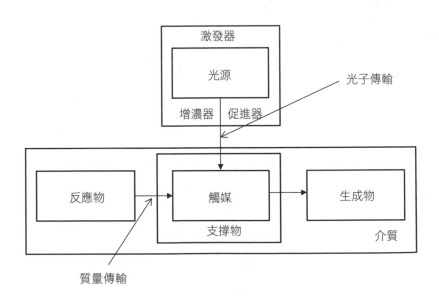

圖5-16 光觸媒反應器的主要成分[24]

應器上，則可提升質傳速率。

以LED取代汞蒸氣燈作為光觸媒反應的光源具有下列優點：

1.光譜純度較高。

2.溫度低於60度，僅汞燈溫度的十分之一。

3.瞬時開關，可在千分之一秒內提供光源。

4.體積小、堅固耐用、壽命長、破裂敏感度低。

5.安全、環保：不會排放汞蒸氣、不產生臭氧。

　　光纖是光導纖維的簡稱，是一種可讓光線在由玻璃或塑膠所製成的纖維中，以全反射原理傳輸的工具。微細的光纖封裝在塑料護套中，使得它能夠彎曲而不至於斷裂。光纖的一端是發光二極體束雷射等光源，可將光脈衝傳送至光纖，再經光纖傳導至終端的接收裝置。由於光在光纖的傳輸損失遠低於電在電線傳導的損失，而且以價格便宜的矽元素為原料，因此光纖適用於長距離的資訊傳遞、醫療與照明用途[26]。**圖5-17**顯示光纖與光纖照明的應用。

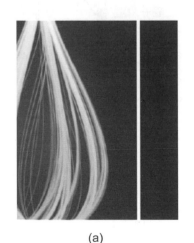 

(a)　　　　　　　　　　　　　(b)

圖5-17　(a)光纖；(b)光線傳導[24]

(一)光纖觸媒反應器

2005年，美國路易斯安那州立大學化工系瓦爾薩瑞教授（Kalliat T. Valsaraj）的研究團隊即開發出一個新型的光觸媒反應器，可成功地去除水中微量的二氯苯與菲（phenanthrene）。他們將二氧化鈦固定於多孔徑的單層支撐介質上，再將石英光纖穿插於多管道單層觸媒的管道中（圖5-18）。實驗結果顯示：

1.二氧化鈦的最佳厚度為4微米。

2.汙染物的分解為準一次反應（pseudo-first order）。

3.反應速率由質量傳輸速率所控制。

4.觸媒表面積較環狀反應器高出10倍以上[27]。

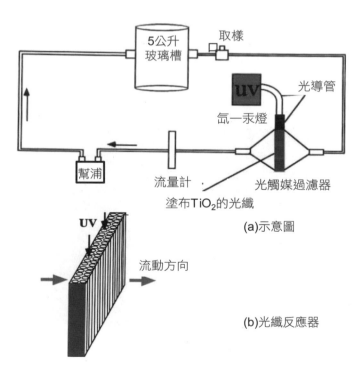

圖5-18　光纖觸媒反應器[29]

缺點為光會被反應介質所吸收，強度會隨距離增加而降低，不僅最長距離只有10釐米，而且還會產生回返幅射[28]。

(二)內部照明式單層反應器

內部照明式單層反應器（Internally Illuminated Monolith Reactor, IIMR）是荷蘭台夫特大學化工系穆林傑教授（A. Moulijn）所開發出的新型多相態光觸媒反應器（**圖5-19**）。

此反應器是由光纖與管壁上塗布了二氧化鈦觸媒的陶瓷單層所組成，光線是經由陶瓷單層的導管中所插入的光纖側所提供。實驗結果顯示，環己烷的光氧化反應的光效率雖僅0.062，較頂部照明的光觸媒泥漿反應器的0.151低，但較環狀光觸媒反應器（0.008）或內部插入光纖的光觸媒泥漿反應器高（0.002）。石英光纖的光線強度隨距離增加而遞減，5釐米外的強度僅為初始強度的一半。在光纖的頂端塗布二氧化鈦，可以降低光纖強度的遞減率，30釐米外的強度仍有初始強度的50%[30]。

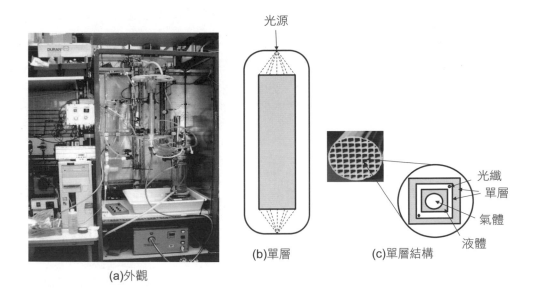

(a)外觀　　(b)單層　　(c)單層結構

圖5-19　內部照明式單層反應器[24]

(三)光觸媒微反應器

連續式的微反應器與微光源的結合最適於光化學的轉換。雖然市場上已經有許多商業化的光觸媒或光微反應器，但是許多研究者仍使用自行設計的系統。**圖5-20**顯示三種商業化微反應器[31]。

封閉式微反應器內含裝置在固體模具上的玻璃、塑膠或金屬微材料所製成的蛇形或降膜式（falling film）的反應導管。蛇形導管的長度不一，有的僅幾釐米，有的不僅長達數米，還可能有好幾個入出口。有些甚至安裝冷卻系統。降膜式微反應器是特別為氣液反應所開發的工具，包括一個反應板與平行反應導管。液體以薄膜方式沿反應板向下流動，而氣體經反應管由液體表面上流動。每立方米的反應接觸面積可高達20,000平方米，可確保氣體與液體的接觸[32]。開放式反應器應用靈活微毛細管作為反應導管。

未來化學公司（Future Chemistry, Inc.）所開發的微反應器包括一個微晶片與一個設置於冷卻系統上方的封閉的UV-LED裝置（**圖5-20(c)**）。反應管的薄層厚度小於1毫米，即使在光吸收效率高的狀態下，仍可確保光線穿透至反應介質的內部。由於影響反應的參數如光照時間、反應物的流速與停留時間、溫度、壓力等皆經過精確地控制，因此反應物不會因光照時間過長而分解或產生副反應，即使是高放熱或爆炸性反應也能在安全條件下操作[33]。

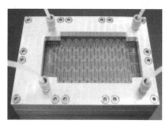  

(a)德國Mikroglas Chemtech 微反應器　　(b)圓柱型與其標準平板型微反應器　　(c)未來化學公司微反應器

圖5-20　微光觸媒反應器[31]

🧪 5.5 超重力技術

5.5.1　簡介

　　超重力技術（Higee或High g）係應用高速旋轉所產生100倍以上的重力場，以提升製程中不同相態間質傳效率的創新技術。由於適用性廣泛，且具有體積小、質量輕、能量消費低、操作與維修容易、風險低、可靠度高、靈活與對環境友善等優點，自1970年代末期問世以來，已經受到相當的重視，在化工、環保、材料與生物技術等領域的應用潛力很大。超重力技術集中於氣／固流態化與氣／液質傳兩個領域。

5.5.2　發展歷史

　　1970年代末期，英國卜內門化學公司（ICI）蘭姆蕭（Colin Ramshaw）博士所領導的新科學小組將其應用於質量傳輸的成果發表後，超重力場才引起了廣泛的興趣。當初，蘭姆蕭等人為了應徵美國太空署所主導的專案計畫，進行了一系列的與微重力相關的研究。由於兩個相態間質傳過程的驅動因子——浮力（$\Delta \rho g$）是兩個相態的密度差（$\Delta \rho$）與重力加速度（g）的乘積（$\Delta \rho g$），在微重力的條件下，重力加速度趨近於零（$g \rightarrow 0$）時，浮力也會接近於零，因此兩個相態不會因為密度差而產生相態間流動。在此狀況下，分子力如表面張力會成為質量傳輸的主導作用，導致液體分子團聚、接觸面積銳減與質量傳輸效果急速下降。當重力加速度增加時，浮力隨之增加，導致流體間相對滑動速度、剪力與相態間接觸介面積的提高，進而大幅強化質傳速率。此結論導致了超重力技術的誕生。

　　此後十年內，卜內門公司連續提出多項專利，並將此技術應用於精餾分離的領域。應用高速旋轉的填料床所產生的強大離心力（超重

力），可大幅提高氣、液間的流速與填料的比表面積。液體在高分散、高
湍動、強混和以及介面急速更新的情況下，與氣體以極大的相對速度在彎
曲孔道中逆向接觸，大大的強化了質傳速率。由於質傳單元高度可降低
1～2個次元，一個高度不到2米的超重力機即可取代數十米高的蒸餾塔。
表5-5列出旋轉填料床與傳統填料床的比較[13]。旋轉填料床具有質傳速率
高、低滯留量、低液泛可能性、滯留時間短等優點，導致設備空間需求
小、重量輕、操作容易、換裝和維修便利、停工的時間短、達到穩定狀態
的時間短與能量消費低等效果[34, 44]。

5.5.3　構造

　　圖5-21(a)顯示一個簡化的氣液對流式旋轉填料接觸器。液體由旋轉
器中心由上進入，經旋轉器離心力加速後，向法線方向擴散，最後由底部
排放。氣體則由旁邊進入接觸器內，在填料床與液體接觸，然後由旋轉器
中心排放。液液對流式旋轉填料接觸器如**圖5-22(b)**所顯示，重質液體由
上而下，而輕質由下而上進入接觸器中。由於離心力的作用，重質液體向

表5-5　旋轉填料床與傳統填料床的比較[13]

項目	傳統填料床	旋轉填料床
液相推動力	重力	離心力 10～103g
液相流動型態	厚膜、大液滴	薄膜、細絲、微滴 0.1～0.001mm
氣液雙向流動速度	慢，0.1～10 米／秒	快，10～100米／秒
液泛速度	低	高
氣液兩相停留時間	長，1～10秒	短，0.01～0.1秒
填料比表面積	小，10～100 m^2/m^3	大，100～1,000m^2/m^3
質傳比表面積	小	大
氣液表面更新速率	慢，0.01～1秒	快，0.00001～0.001秒
質傳單元高度	高，1～2米	低，0.01～0.03米
設備體積與重量	大	小

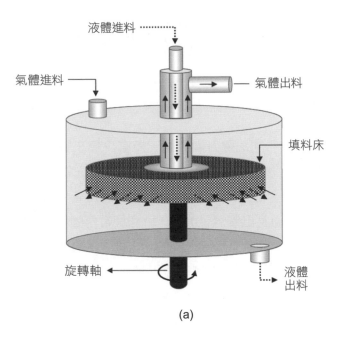

(a)

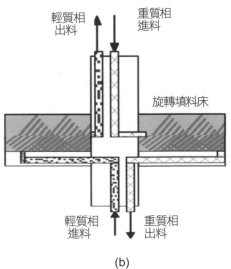

(b)

圖5-21　(a)氣液超重力機；(b)液液超重力機[35]

邊緣擴散後，由底部排出；而輕質液體向中央集中，然後由旋轉器中心向上流動排出。

5.5.4　水動力學

　　液體進入填料後，向法線方向流動，僅有少量液體向切線或軸心方向散布（**圖5-22(a)**）。液體的法線流動會受到轉速、液體黏度、填料或液體流速影響而偏離。絕大部分的液體在填料7～10毫米的深度時，不僅已達旋轉器的速度，而且已潤濕了填料。混和與質傳強度與填料與液體特性、轉速與液體分配器設計有關，最高的地方則在填料的入口[36]。

　　氣體由填料外緣進入後，受到轉速影響會向中心集中。氣體的切線方向速度會受到填料特性影響而改變。氣體在孔隙度、大表面積與高阻力的填料內流動時，方向直接且路徑較短（**圖5-22(b)**）。氣體在平行平板填料流動時，由於磨擦力低，會以螺旋方式流動，所走的路徑較長（**圖5-22(c)**）。

　　旋轉填料床上液體薄膜會受轉速、填料特性、液體流速與液體物理特性的影響。薄膜厚度與轉速的0.8次方成反比。液體薄膜在金屬泡棉上

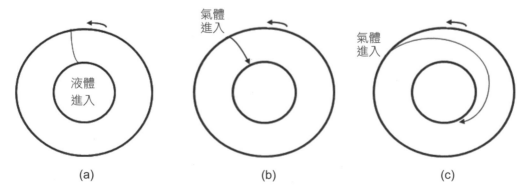

圖5-22　(a)液體流動方向；(b)氣體在孔隙度、大表面積與高阻力的填料內的流動方向；(c)氣體在平行平板填料中的流動方向[35]

的厚度約為20～80微米，在金屬網上僅10微米。由於液體薄膜厚度直接影響質量傳輸，因此調整轉速或選擇適當的填料，即可調整質傳速率。薄膜流動為層狀流動[35]。

5.5.5 停留時間

液體在填料中的停留時間與填料高度、型式、轉速及液體特性有關。由於流體在填料中的流動狀態與傳統填料不同，因此液體在填料床內的停留時間與體積與液體流動的量測無關。液體停留時間介於0.2～1.8秒之間，轉速與液體流速愈快時，停留時間愈短。氣體流速與液體的黏度對停留時間的影響很低[36]。

柏恩斯與蘭姆蕭（J. R. Burns and C. Ramshaw）等曾量測一個高孔隙度旋轉填料床的環狀部分的電阻，以作為估算液體在填料床的停留時間與總液體量的依據[37]。他們發現填料中液體量約與所在位置距軸心的距離成反比，但與液體黏度與氣體速度關係不大。轉速愈大，液體分率愈低。液體以每秒1米流速經過填料，停留時間非常短暫。液體泛溢時氣體流速與轉速成正比[37]。

5.5.6 質量傳輸

高轉速或超重力所產生的大表面積、薄膜與強烈混和大幅提高流體間的質量傳輸。質傳效率與轉速及氣液比成正比，但與液體流速成反比（圖5-23(a)）。

旋轉填料床的質傳單位高度（Height of Transfer Unit, HTU）約1.5～4釐米，約為傳統固定填料床（15～150釐米）10～100倍。液體以噴霧方式噴入接觸器中，霧滴表面積大，直接提升質傳速率。因此，在旋轉填料床中，低表面積的填料與高表面積填料的體積質傳績效相當，由於低表面

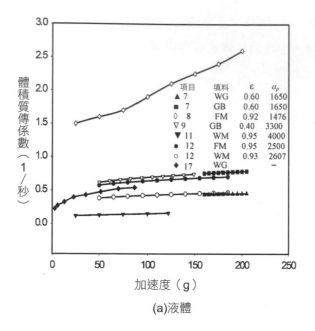

(a)液體

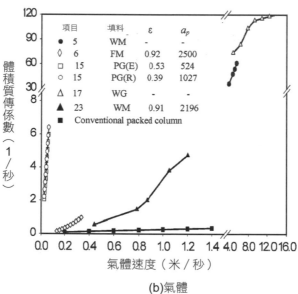

(b)氣體

圖5-23　氣液旋轉填料床中的質傳係數[38]

積填料價格低，且還具有壓差低與高流通量的優點，應用此類填料還可提升處理量。圖5-24顯示，由不同偵測點所得的結論相同。

旋轉床中氣體的質量傳輸並不具有相同的優勢。在網狀填料中，氣體的總質傳係數與氣體速度成正比，但與轉速成反比（圖5-23(b)）。當氣體以低於1米／秒速度在旋轉填料床中進行時，質傳係數約為1～8／秒。此數值與氣體在傳統固定填料床中類似。當氣體速度增至4～12米／秒時，氣體質傳係數增至45／秒。在商業化旋轉金屬網床中，氣體速度約4～5米／秒，氣體質傳係數約40～50／秒。由圖5-25可知，旋轉填料床的質傳績效與混和所需時間優於靜止混合器、脈衝塔等相關混和設備。

液液質量傳輸與氣液質量傳輸類似，會隨轉速、溶劑比、比重差等參數增加而提升。填料的特性孔隙度、尺寸大小與表面積直接影響質傳績效。單一離心萃取器即可達到10個萃取平衡段，如果應用適當的旋轉馬達，績效甚至可高達20段。

旋轉填料床中的固液質傳的研究較少。一個旋轉碟上的電化學電池中的質量傳輸會隨轉速及碟間距離增加而提高，但所增加的碟數愈多，質

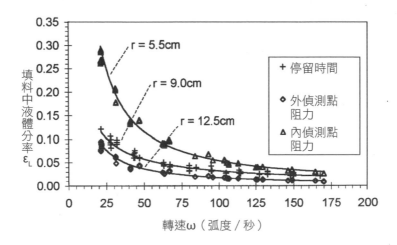

圖5-24　填料中液體分率與轉速的關係[37]

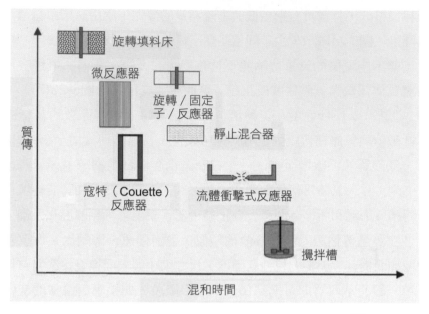

圖5-25　各種混和設備的質傳與混和時間比較[47]

傳愈差。水經過萘顆粒的體積質傳係數約為在同樣條件下流經傳統填料的4～6倍[39]。

5.5.7　壓差

氣液旋轉填料床的壓差會隨著轉速與氣體流速增加而上升（圖5-26）。壓差與轉速的平方成正比。與傳統填料床相比較，每個質傳單位間的壓差較低，但是泛溢時壓差卻高達15倍[40]。

液液旋轉填料床中，壓差是由輕質相的液體所界定。重質液體在常壓下進入，經轉輪加速至排放壓力。輕質液體的壓力是比重差、轉速、轉輪直徑與主要相介面的位置[41]。

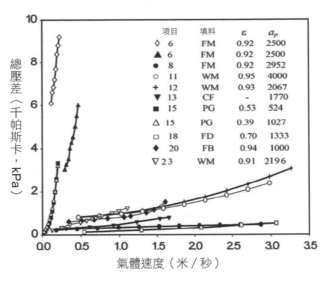

圖5-26　壓差與氣體速度的關係[38]

5.5.8　熱能傳遞

研究顯示一個平滑轉碟的熱傳係數隨轉速增加而上升，可高達20kW/m^2K。由於液體在碟入口處加速後所產生的干擾影響，熱傳係數在入口處的最高，但隨著法線方向的距離增加而減少。熱能傳輸的主要挑戰為：

1.由於熱能可應用渦流、微波或超音波等方法傳遞，因此，理論上旋轉填料床可應用於蒸發、氣提與吸熱反應等製程單元上。

2.由於反應所產生的熱能難以傳遞出去，因此在轉輪中的放熱反應必須以絕熱方式處理。

3.將填料與傳熱板交替排列，可能可以解決熱傳問題。

4.如果蒸發與化學程序相容時，可以應用於蒸發程序。

5.5.9 應用

旋轉填料床的用途與一般填料床類似，可應用於吸收、氣提、化學反應與蒸餾等製程上。

一、吸收

由於旋轉填料床的質傳係數遠高於固定填料床，如應用於吸收製程上，可以大幅減少設備體積、危害物質暫存量、啟動與停俥的時間[41]。旋轉填料床適用於化學反應快速地吸收製程，例如：

1.無機氣體的吸收：如NH_3、SO_2、NO_2、NO、H_2S、CO_2、O_2等。

2.有機揮發性氣體：如醋酸乙酯、異丙醇、甲苯、二甲苯等。

3.除塵應用：輔助或取代靜電除塵器。

4.高等氧化程序：吸收與反應程序結合。

(一)二氧化硫

排放氣體中的二氧化硫可以應用水、石灰水或苛性鹼溶液吸收。在以水為吸收劑的案例中，水與二氧化硫的反應會因質傳而受氣體／膜與液體／膜的阻力影響，因此總質傳速率與氣體流速及轉速成正比，但與液體流速成反比[42]。

以石灰水為吸收劑時，由於石灰水與二氧化硫的反應快速，總吸收速率受限於氣體與液體薄膜間的質量傳輸，與氣體或液體流速無關，僅與加速度成正比，但其影響低於以水為吸收劑的案例。如以苛性鹼為吸收劑、金屬網為填料時，旋轉填料床的質傳係數低於固定填料床；然而，以兩個平行旋轉板取代金屬網時，則可大幅提高質傳係數[43]。

2011年，安徽銅陵的華興硫酸公司應用北京化工大學所研製的超重力脫硫裝置，取代原有的尾氣吸收塔。該裝置是首次應用於中國大型硫酸生產工廠的尾氣處理。轉輪直徑為3.2米，為亞洲最大的超重力裝置[46]。

表5-6　排氣中二氧化硫去除方法的比較[34]

處理方法	吸收效率 %	吸收效率差值 %	優缺點
旋轉填料床+ Mn++ 介質	99〜99.9		比相介面積與質傳係數大、脫硫效率高、體積小、結構簡單、操作容易、易於商業化
旋流塔	30〜4	59〜69	脫硫效率低
泡沫塔	85	14	
螺旋型吸收塔+ Mn++介質	90〜95	4〜9	
石灰石 / 石膏法	70〜80	19〜29	結垢、堵塞管道
海水脫硫	90	9	受地域影響、尚在開發階段
電子束法	70〜80	19〜29	需用高能電子束
吸附劑噴射法	50〜70	29〜49	脫硫效率低
噴霧法	70〜95	4〜29	結垢、堵塞管道

表5-6列出排氣中二氧化硫去除方法的比較。

(二)硫化氫

　　旋轉填料床亦可應用於油氣中硫化氫的去除。含硫天然氣超重力脫硫技術是中國石化重點研發計畫之一，由勝利油田勝利工程設計諮詢公司與北京化工研究院、南化集團研究院等合作執行。此該技術不僅將天然氣中的硫化氫轉化為硫磺，還可大幅減少油氣田含天然氣淨化處理費用。自2008年5月20日起，此技術已成功地應用於勝利油田渤南集氣站。1,000小時的連續地測試結果顯示，整個系統操作平穩，可將600〜11,000毫克／立方米硫含量，降至20毫克／立方米以下。每日處理量約2萬立方米天然氣[45]。

　　福建石油公司以甲基甲醯胺為吸收劑，應用一個直徑1.2米、高1.4米的旋轉填料床，即可取代一個高33米、直徑1.2米的傳統填料吸收塔，將每小時11噸的廢氣中的2.27%的硫化氫降至20毫克／標準立方米左右[47]。

(三)次氯酸

依據陶氏化學公司專利（US Patent #6048513），次氯酸（HOCl）合成地主要反應為：

$$2Cl_2 (g) + 2NaOH (aq) \rightarrow 2NaCl (aq) + 2HOCl (aq)$$

次要反應為：

$$6HOCl (aq) + Cl^- (aq) \rightarrow ClO_3^- (aq) + 3Cl_2 (aq) + 3H_2O (aq)$$

以水吸收次氯酸是一個典型的液液質傳限制的案例。傳統噴淋塔的直徑為6米，塔高30米，回收率約80%。以三個直徑3米、長度3米的旋轉填料床取代，質傳單位僅4釐米，而且與液體速度有很大的關係，不僅回收率高達93～96%，壓降僅原來的50%，且易於維修與操作。圖5-27中，框線內的三個旋轉填料床的總吸收處理容量與右邊的傳統吸收塔相同[48]。

圖5-27　旋轉填料床與傳統吸收塔比較

(四)二氧化碳

　　蘭姆蕭曾應用的旋轉填料床於一乙醇胺吸收二氧化碳的製程單元中[49]。他成功地以兩個串聯的旋轉填料床所組合的外徑1米、內徑0.5米、軸長1.25米與0.25米深的填料的設備（圖5-28），取代一個高達40米、直徑4.4米的傳統填料吸收塔。每秒氣體與液體的流量分別為24立方米與121公斤。

　　二氧化碳的回收率與乙醇胺在溶液中的濃度與轉速成正比。

二、氣提

　　旋轉填料床可應用於氣提法，以去除地下水或廢水中的氧氣、有機揮發物質，如甲苯、二甲苯、氯化物等。

(一)脫氧

　　北京化工大學超重力中心曾成功的在中國勝利油田安裝了一座以超重力技術去除地下水中的空氣裝置[35]。設備規格如下：

　　1.處理量為300噸／時。
　　2.轉輪：內徑600毫米；外徑1,000毫米；長度700毫米。
　　3.填料種類：金屬網；孔隙度92%；表面積500平方米／立方米。
　　4.轉速：750轉／分。

(a)轉輪上的金屬網　　　　　　　　(b)轉輪中心的分配器

圖5-28　應用於二氧化碳吸收的超重力裝置[49]

北京化工大學亦曾在勝利油田的外海產油平台上，安裝兩座每小時可處理250噸水的除氧的裝置。設備規格除了轉速為860轉／分、長度500毫米外，其餘與上述300噸／天相同[50]。由**表5-7**所列舉的數據可知，兩個的高3米、總重20噸的超重力裝置足以取代一個高14米、空重60噸的巨型真空氣提塔。

鍋爐進水脫氧亦可應用超重力技術。以一個每小時產生10噸高壓蒸氣的鍋爐為例，每公升鍋爐進水中的含氧量必須低於0.007毫克。一個在8巴壓力與130度溫度下操作的傳統脫氧塔，僅能將水中的含氧量降至0.02毫克。然而，北京燕山石化二廠於2002年應用北京化工大學所研製的、在4巴與110度下操作的超重力裝置，可將含氧量降至0.007毫克。設備重量與高度僅為傳統裝置的10%，場地面積僅20%，而且可節省能源與設備投資約20%與40%[51]。

表5-7　超重力脫氧裝置與傳統真空氣提塔的比較[50]

項目	真空氣提塔	超重力旋轉床
處理量（噸／天）	10,000	6,000
平台面積（平方米）	30	2x10
高度（米）	14	3
重量（噸）		
空重	60	2x10
操作重量	130	2x10.5
滿水重量	180	2x11
處理後水中氧含量（ppm）		
夏天	1	0.8
冬天	2.3	<0.05
投資比	1	<0.05
功率需求（千瓦）	155	2x160

(二)揮發性有機物脫除

高分子聚合物合成後，必須將殘餘的單體與溶劑去除。以聚苯乙烯為例，傳統真空吸附法僅能將濃度降至500ppm，應用蒸氣氣提可降至200ppm。由於旋轉填料床不僅可降低投資成本、能源消費與設備規模，還可避免蒸氣與聚合物產生的副作用，極適用於此類用途。由一個以加速器為名的原型機與示範單元的操作數據可知，質傳速率非常快速，足以在短時間內達到所需去除效率。聚苯乙烯受熱熔融後，會變得非常黏稠，必須應用在高速下所產生的較高的重力才能產生薄膜流動；因此必須使用能耐高壓、高孔隙度（90％）與大表面積（500平方米／立方米）的網狀金屬泡棉填料[52]。**表5-8**顯示，應用旋轉填料床可在二十分鐘內將高分子聚合物中86～99%的揮發性有機物去除[54]。

旋轉填料床亦可應用於地下水的淨化，以氣提方式去除地下水中所含的揮發性有機物。由於地下水淨化技術眾多，必須審慎評估成本與效益。目前，已有實驗證明金屬網與金屬網狀泡棉等填料皆可有效去除苯、二甲苯、1,2,4-三甲基苯與萘，約需十二個質傳單位，每單位高度約2～3釐米[53]。

表5-9列出一些以日本住友公司的填料所得的數據。僅使用空氣，在199～284倍重力加速度下，即可將數百ppb的苯、甲苯、鄰二甲苯等降至幾個ppb之下[11]。

表5-8　超重力旋轉床與攪拌反應器應用於去除聚合物中揮發性有機物的比較[54]

設備	壓力（Pa）	時間（分）	效率（%） 單／雙
超重力旋轉床	2,300 666	20 20	86/92 90/99.2
攪拌反應器	3,300 550	600 600	2 92

表5-9　以旋轉填料床去除揮發性有機物的測試數據[44]

項次	系統大小		操作條件	去除率
1	內徑：12.7 cm		住友填料	甲基環己烷：99.7%
	外徑：22.9 cm		2,500 cm²/m³, 0.95	苯：98.78%
	軸向高度：12.7 cm		液體流量：2.2 L/s	甲苯：98.73%
	轉速：1,000 rpm		氣體流量：21.8 L/s	鄰二甲苯：95.54%
	（199g）		溫度：17℃	間二甲苯：97.92%
				1,2,4三甲苯：96.03%
2	內徑：12.7 cm		住友填料	甲基環己烷：100%
	外徑：30.5 cm		2,500 cm²/m³, 0.95	苯：99.2%
	軸向高度：12.7 cm		液體流量：2.2 L/s	甲苯：100%
	轉速：1,000 rpm		氣體流量：22.2 L/s	鄰二甲苯：98.04%
	（242g）		溫度：21℃	間二甲苯：99.56%
				1,2,4三甲苯：98.62%
3	內徑：12.7 cm		住友填料	甲基環己烷：99.53%
	外徑：38.1 cm		2,500 cm²/m³, 0.95	苯：100%
	軸向高度：12.7 cm		液體流量：2.2 L/s	甲苯：100%
	轉速：1,000 rpm		氣體流量：22.9 L/s	鄰二甲苯：99.73%
	（284g）		溫度：19℃	間二甲苯：99.64%
				1,2,4三甲苯：99.42%

　　旋轉填料床亦可應用於製程排氣中揮發性有機物的去除，**表5-10**列出各種不同處理技術的比較，旋轉填料床地去除效率、設備與操作成本皆具有競爭力。

三、蒸餾

　　將旋轉填料床與冷凝器及再沸器組合，即可作為蒸餾塔[56]，且被應用於下列案例中：

　　1.1983年，蘭姆蕭曾應用一個直徑為800毫米的轉輪，證明其功效與一個具有二十個理論盤板的蒸餾塔相當[57]。

表5-10　各種不同揮發性有機物（VOC）去除技術的比較[55]

處理技術	濃度範圍 ppm	處理量 CMM	去除效率 %	設備成本 NT$/CMM	操作成本 NT$/1,000CMM
焚化	100～1000	30～14,000	95～99	50,000～80,000	7～40
冷凝	5,000～10,000	3～550	70～85	20,000～40,000	13～48
活性碳吸附	700～10,000	3～1,700	90～98	7,500～15,000	5～20
傳統吸收塔	500～15,000	60～3,000	90～98	3,000～5,000	17～50
生物濾床	10～5,000	10～2,500	80～99	18,000～30,000	10～30
超重力技術	10～10,000	1～1,000	95～99	4,500～6,000	8～20

2. 蘭姆蕭在一個3噸實驗裝置中，可成功地將乙醇與丙醇從混合溶液中分餾出來；除了冷凝器及再沸器外，他們應用兩個旋轉填料床，一個負責精餾，另一個作為氣提之用[58]。

3. 1993年，德州大學的凱勒赫（T. Kelleher）與菲爾（J. R. Fair）等僅應用一個旋轉填料床與冷凝器及再沸器即可成功地完成環己烷／正戊烷混合物的分餾。此系統的填料厚度為23釐米，質傳單位為6，每小時處理量為9噸。轉速是影響分離程度的主要變數[59]。

表5-11顯示超重力旋轉填料床與傳統填料床蒸餾系統比較，無論表面積、氣體動能因子（F-因子）與理論板相當高度（HETP），旋轉填料床皆有絕對的優勢[24]。

表5-11　超重力旋轉填料床與傳統填料床蒸餾系統的比較[44, 55]

類別	系統	填料	a_t m²/m³	壓力 kPa	F-因子 kg^{1/2} m^{1/2}s	HETP cm
傳統填料床	甲醇／乙醇	RMSR25-3	191	101	0.3～1.7	38～40
	環己烷／正庚烷	Montz B1-250.60	245	414	0.5～1.5	30～40
旋轉填料床	甲醇／乙醇	金屬網	519	101	1.2～2.8	3～9
	環己烷／正庚烷	住友填料	2,500	414	0.4～0.8	4～6

目前超重力蒸餾已應用甲醇、甲醛、甲苯、乙醇、乙二醇、丙酮、乙酸乙酯、乙腈、四氫呋喃、二甲基亞碸、甲縮醛、正丁醇、二氯甲烷、矽醚、環乙烷、異丁烷、異丙醇、冰醋酸、醋酐、DMF、DMSO、DMAA、DMDA等有機溶劑的精餾與回收。其優點為：

1. 設備高度低、土建成本低、占地面積小：質傳效率可提高十倍，不到2米高的超重力旋轉床可取代幾十米高的蒸餾塔。
2. 節能：超重力床由於體積小，散熱面積小，在相同的條件下，超重力床可以比傳統精餾塔節省5～40%能源。
3. 更適應熱敏性物料：高速旋轉容積較小，滯留的物料少，停留時間僅1～2分鐘，熱敏性物料不會在設備內揮發或改變性質。
4. 操作方便：減輕操作者勞動強度、節約人工成本，並提高安全程度。
5. 檢修方便、維修費用低。
6. 廢液排放少：在相同的條件下，一般蒸餾塔的廢液排放約在3%，而超重力床的排放可控制於0.5%以下。

四、吸附

離心吸附技術（Centrifugal Adsorption Technology, CAT）係應用離心力增加微米級粒狀吸附劑與液體質傳速率，可應用於離子交換、水中揮發性有機物去除、藥用蛋白質回收與精細化學品生產等製程。其優點為容量低、接觸時間短、穩態操作與設備體積小[60]。固體吸附劑進入離心吸附器後，會被離心力驅動由內沿著法線方向向外移動，由外緣收集器收集後，經管線送往軸心排放，而轉輪外緣的液體與吸附劑以對流方向向軸心移動後排放。由活性碳吸附水中的丁醇實驗可知，轉速、相態密度差與顆粒直徑是影響吸附績效的主要因素[60]。

五、液／液萃取

1945年，帕德賓理雅克（W. J. Podbielniak）即將離心力應用於液／液分離技術上。當時，盤尼西林的分離是一個困擾業界的大問題。由於盤尼西林與溶劑會形成乳化狀態，傳統的溶劑萃取只能在低pH的情況下有效，但是酸性會造成產品退化。他以一個多孔、螺旋狀的通道作為旋轉輪填料，然後裝置在一個已獲得專利的氣液接觸器，成功地解決了盤尼西林的分離問題[35]。由於此設備所需的液體容量低、比重差異小（0.2）、接觸時間短、離心力大與高達十個理論萃取階段的液液對流接觸，此技術可以回收98%的產品。此後，離心萃取已成為化工業普遍使用的方法。

六、結晶

離心力可應用於反應結晶的製程中。以二氧化碳與氫氧化鈣溶液化合反應、以產生奈米級的碳酸鈣為例，主要控制反應的步驟為二氧化碳的吸收與固體氫氧化鈣的溶解。溶液過飽和的程度受反應速率與顆粒大小影響。由於旋轉填料床可加強混和與質傳程度，不僅可產生平均直徑30奈米的碳酸鈣產品（**圖5-29(a)**），還可降低反應時間4～10倍。轉速、氣液比與初始氫氧化鈣的濃度是決定反應速率的主要因素。產品顆粒大小與轉速有關，轉速愈大，顆粒愈小[61]。1997年完成40噸／年原型機，四年後完成10,000噸／年生產工廠（**圖5-29(b)**）。

其他案例為：

1. 氫氧化鋁：由偏鋁酸鈉、水與二氧化碳的反應中沉澱，形成1～10奈米直徑、50～300奈米長的纖維狀氫氧化鋁。轉速、氣體與液體流速與初始濃度是控制顆粒大小的主要參數[62]。

2. 碳酸鍶：平均直徑40奈米的碳酸鍶可由硝酸鍶與碳酸鈉反應後沉澱而形成。蒸發沉澱過程可應用蒸氣壓縮與旋轉碟強化。蒸氣先經壓縮後，在旋轉碟底部冷凝，可提供熱能加熱沉澱溶液，因此可提高

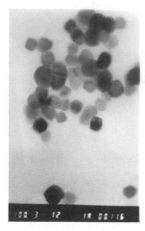
(a)平均直徑：30奈米

(b)10,000噸／年工廠

圖5-29　以旋轉填料床生產奈米級碳酸鈣

製程溫度、降低所需表面與縮短沉澱時間[63]。

3.原料藥的沉澱：將固體原料藥在旋轉碟中，重新溶解後再快速沉
　澱，可產生1～15奈米級的產品[64]。

5.5.10　展望

　　超重力旋轉填料床已成功的應用於吸收、蒸餾、沉澱、氣提、奈米
級顆粒製造等化工或環工製程中，此技術極適於受限於質傳的化工單元操
作或速率快速的化學反應上。

　　商業化的應用已有十五年以上的歷史，但是由於化學相關產業為資
本與技術密集的產業，技術的更新需要很長的適用期。一般工程師態度保
守，除了不願意接受新觀念與技術外，對於高速離心機的放大與操作的安
全性仍然存疑。有機化學師從中學起即已習慣使用燒杯、攪拌器與試管執
行化學反應的任務，很難放棄既有的習慣而使用高速率與高產能的旋轉碟
式反應器，反而在現代工業化起步不到三十年歷史的中國，商業化的應用

案例遠多於歐、美、日本等先進國家。

5.6 結語

　　微波、超音波、日光與超動力等替代能源已脫離實驗室的研究，而開始應用於工業製程中。它們不僅可提升化學反應的速率，還可降低能源的使用量，亦具經濟效益。這些創新技術尤適於開發中國家或特用化學品的製造。中國的超重力旋轉填料床應用案例遠超過德國、美國等化學工業大國。以微波或超音波則適於少量多樣的附加價值高的特用化學品或藥品合成。預期這些替代能源將逐漸應用於工業製程中。

參考文獻

1. Evalueserve (2005). Developments in Microwave Chemistry.

2. Gedye, R. N., Smith, F. E., and Westaway, K. C. (1988). The rapid synthesis of organic compounds in microwave ovens. *Canadian Journal of Chemistry, 66*, 17-26.

3. CEM (2014). Microwave assisted synthesizer. Matthews, NC. USA.

4. Cambrex (2010). Large Scale Heterogeneous Continuous-Flow Microwave- Assisted Organic Synthesis. Cambrex, East Rutherford, NJ, USA.

5. Velmathi, S., Nagahata, R., Sugiyama, J. and Takeuchi, K. (2005). A rapid eco-friendly synthesis of poly (butylene succinate) by a direct polyesterification under microwave irradiation. *Macromolecular Rapid Communications, Vol. 26*, Issue 14, 1163-1167.

6. Kanthale, P. M., Gogate, P. R., Pandit, A. B., Wilhelm, A. M. (2003). Mapping of an ultrasonic horn: Link primary and secondary effects of ultrasound. *Ultrasonics Sonochemistry, 10*, 331-335.

7. Thompson, L. H., Doraiswamy, L. K. (1999). Sonochemistry: Science and engineering. *Ind. Eng. Chem. Res., 38*, 1215-1249.

8. USDOE (2004). High Magnetic Field Processing (HMFP): A Heat-Free Heat-Treating Method. http://web.ornl.gov/sci/ees/itp/documents/ITP_FS_Ludtka_MFP.pdf.

9. Iliuta, I., Larachi, F. (2003). Theory of trickle-bed magnetohydrodynamics under magnetic-field gradients. *AICHE J., 49*(6), 1525-1532.

10. 陳幸德、林冠佑、周珊珊、陳興（2011）。〈工業區汙水廠汙泥水解減量評估〉。《環保簡訊》，第13期。

11. Ovivo (2014). Sonolyzer™ Ultrasound Sludge Disintegrator Product Brochure. Ovivo, UK.

12. Mattick, A. T., Knowlen, C., Russell, D. A. and Masse, R. K. (1995). Petrochemical pyrolysis with shock waves. AIAA Paper 95-0402, 33rd AIAA Aerospace Sciences Meeting, Reno, NV, Jan. 9-12.

13. Anderson, J. E., Mathur, P., Selines, R. J., Praxair (1998). Method of Introducing Gas Into a Liquid, US Patent # 5814125.

14. Gross, G. (1998). Patent DE 1918261.

15. Gross, G. (2000). Supersonic oxygen injection doubles the capacity of fluidized

bed reactor. In ACHEMA 2000 International Meeting on Chemical Engineering, Environmental Protection and Biotechnology, Abstracts of the lecture groups chemical engineering and reaction engineering, Dechema, Frankfurt, am Main, pp. 161-162.

16. Gross, G., Ludwig, P. (2003). Transversal oxygen supply. Supersonic injection increases performance of sludge combustion plants. *Chem. Anlagen Verfahren, 36*(3), 84-86.

17. Pape, M. (1975). Industrial applications of photochemistry. BASF AG, Hauptiaboratorium, 67 udwigshafen, GFR. www.iupac.org/publications/pac/pdf/1975/pdf/4104x0535.

18. Alsters, P. L., Jary, W., Nardello-Rataj, V. R., Aubry, J. M. (2010). Dark singlet oxygenation of β-citronellol: A key step in the manufacture of rose oxide. *Organic Process Research & Development, 14*, 259. doi:10.1021/op900076g.

19. Monnerie, N., Ortner, J. (2001). Economic evaluation of the industrial photosynthesis of rose oxide via lamp or solar operated photooxidation of citronellol. *J. Sol. Energy Eng., 123*(2), 171-174.

20. Ichihashi, H. (2003). Study on Environmentally Benign Catalytic Processes for the Production of ε-Caprolactam. Sumitomo Chemical Co., Japan.

21. Reay, D., Ramshaw, C., Harvey, M. (2013). *Process Intensification: Engineering for Efficiency, Sustainability and Flexibility*. 2nd Edition. Butterworth-Heinemann/IChemE., Woburn, MA, USA.

22. Funker, K., Becker, M. (2001). Solar chemical energy and solar materials into the 21st Century. *Renew. Energ.* 469-474.

23. 白崢鈺（2010）。〈淺談奈米光觸媒於室內空氣汙染物之應用〉。財團法人台灣產業服務基金會。

24. Van Gerven, T. (2014). Process intensification using light energy. KU, Leuven, Belgium.

25. 高肇郎（2009）。〈奈米光觸媒應用〉。台中：國立勤益科技大學。

26. 維基百科（2014）。〈光導纖維〉。

27. Lin, H., Valsaraj, K. T. (2005). Development of an optical fiber monolith reactor for photocatalytic wastewater treatment. *J. Appl. ElectroChem., Volume 35*, Issue 7, 699-708.

28.Wang, W., Ku, Y. (2003). The light transmission and distribution in an optical fiber Coated with TiO_2 particles. *Chemosphere, 50*(8), 999-1006.

29.Sun, R. D., A. Nakajima, I. Watanabe, T. Watanabe, and K. Hashimoto (2000). TiO_2-coated optical fiber bundles used as a photocatalytic filter for decomposition of gaseous organic compounds. *J. Photochem. Photobio. A: Chem., 136*, 111-116.

30.Du, P., Carneiro, J. T., Moulijn, J. A., Mul, G. (2008). A novel photocatalytic monolith reactor for multiphase heterogeneous photocatalysis. *Applied Catalysis A: General, Vol. 334*, No. 1-2, 119-128.

31.Oelgemöller, M., Shvydkiv, S. (2011). Recent Advances in Microflow Photo-chemistry. *Molecules, 16*, 7522-7550.

32.Hornung, C. H., Hallmark, B., Baumann, M., Baxendale, I. R., Ley, S. V., Hester, P., Clayton, P., Mackley, M. R. (2010). Multiple microcapillary reactor for organic synthesis. *Ind. Eng. Chem. Res., 49*, 4576-4582.

33.Marre, S., Baek, J., Park, J., Bawendi, M. G., Jensen, K. F. (2009). High-pressure/ high-temperature microreactors for nanostructure synthesis. *J. Assoc. Lab. Autom., 14*, 367-373.

34.林佳璋（2004）。〈超重力技術原理與應用〉。長庚大學。

35.Trent, D. (2003). Chemical processing in high-gravity fields. In *Re-Engineering the Chemical Processing Plant*. Marcel Dekker, New York, USA.

36.Guo, K., Guo, F., Feng, Y., Chen, J., Zheng, C., Gardner, N. C. (2000). Synchronous visual and RTD study on liquid low in rotating packed-bed contactor. *Chem. Eng. Sci., 55*, 1699-1706.

37.Burns, J. R. , Jamil, J. N., Ramshaw, C. (2000). Process intensification: Operating characteristics of rotating packed beds-determination of liquid hold-up for a high voidage structured packing. *Chem Eng Sci, 55*, 2401-2415.

38.Rao, D. P., Bhowal, A., Goswami, P. S. (2004). Process intensification in rotating packed. *Che. Engr. Res., 43*, 1150-1162.

39.Munjal, S., Dudukovic, M. P., Ramachandran, P. (1989). Mass transfer in and gravity flow. *Chem. Engr. Sci., 44*(10), 2257-2268.

40.Liu H-S, Lin C-C, Wu S-C, Hsu H-W. (1996). Characteristics of a rotating packed bed. *Ind Eng Chem Res., 35*, 3590-3596.

41.Jacobsen, F. M., Beyer, G. H. (1956). Operating characteristics of a centrifugal extractor. *AIChE J., 2*(3), 283-289.

42. Gardner, N., Keyvani, M., Coskundeniz, A. (1993). Flue gas desulfurization by rotating beds. U. S. Department of Energy, DOE#DE-FG22-87PC 79924.

43. Sandilya, P., Rao, D. P., Sharma, A., Biswas, G. (2001). Gas-phase mass transfer in a centrifugal contactor. *Ind Eng Chem Res., 40*, 384-392.

44. 林佳璋（2004）。〈超動反應結晶法合成奈半粉體〉。長庚大學，桃園市，中華民國。

45. 田錦川、李清方（2008）。〈含硫天然氣超重力脫硫技術成功應用〉。《中國石化報》，2008年6月11日。

46. 中國化工報報導（2011）。〈亞洲最大尾氣吸收脫硫裝置投用〉。《中國化工報》，2011年8月30日。

47. Chen, J. F. (2009). The recent development in Higee technology. Green Process Engineering Congress and the European Process Intensification Conference (GPE-EPIC), Venice, Italy, June 14-17.

48. Trent, D., Tirtowidjojo, D. (2001). Commercial operation of a rotating packed bed (RPB) and other applications of RPB technology. In Gough, M., ed. 4th *International Conference on Process Intensification in Practice*. London: BHR Group, 11-19.

49. Ramshaw, C. (2012). Process intensification: What? Why? How?

50. Zheng, C., Guo, K., Song, Y., Zhou, X., Ai, D. (1997). Industrial practice of Higravitec in water deaeration. In Semel J, ed. 2nd *International Conference on Process Intensification in Practice*. London: BHR Group, 273-287.

51. 陳建銘、宋云華（2002）。〈用超重力技術進行鍋爐給水脫氧〉。《化工進展》，6期。

52. Cummings, C. J., Quarderer, G., Tirtowidjojo, D. (1999). Polymer devolatilization and pelletization in a rotating packed bed. In Green A, ed. 3rd *International Conference on Process Intensification for the Chemical Industry*. London: BHR Group, 147-158.

53. Singh, S. P. (1989). Air Stripping of Volatile Organic Compounds from Ground-water: An Evaluation of a Centrifugal Vapor-Liquid Contactor. Ph. D. dissertation, The University of Tennessee, Knoxville.

54. 陳建峰（2007）。中國專利200710120712.7。

55. Lin, C. C., Ho, T. J., and Liu, W. T. (2002). Distillation in a rotating packed bed. *J. Chem. Eng. Jpn., 35*(12), 1298-1304.

56. Kelleher, T., Fair, J. R. (1996). Distillation studies in a high-gravity contactor. *Ind Eng Chem. Res, 35*(12), 4646-4655.

57. Ramshaw, C. (1993). The opportunities for exploiting centrifugal fields. *Heat Recovery Systems CHP, 13*(6), 493-513.

58. Ramshaw, C. (1983). Higee distillation-An example of process intensification. *Chem Eng., 389*, 13-14.

59. Kelleher, T., Fair, J. R. (1993). Distillation studies in a high-gravity contactor. Separations Research Program, University of Texas, Austin.

60. Bisschops, M. A., van der Wielen, L., Luyben, K. (1997). Centrifugal adsorption technology for the removal of volatile organic compounds from water. In Semel J, ed. 2nd *International Conference on Process Intensification in Practice*. London: BHR Group, 299-307.

61. Chen, J., Wang, Y., Jia, Z., Zheng, C. (1997). Synthesis of nanoparticles of $CaCO_3$ in a novel reactor. In Semel J, ed. 2nd *International Conference on Process Intensification in Practice*. London: BHR Group, 157-164.

62. Chen J-F, Wang Y-H, Guo F, Wang X-M, Zheng C. (2000). Synthesis of nanoparticles with novel technology: High-gravity reactive precipitation. *Ind Eng Chem Res, 39*, 948-954.

63. Ramshaw, C. (1984). Process intensification-Incentives and opportunities. In Doraiswamy, L. K., Mashelkar, R. A., eds. *Frontiers in Chemical Reaction Engineering. Vol. 1*. Wiley, 685-697, New York.

64. Oxley, P., Brechtelsbauer, C., Ricard, F., Lewis, N., Ramshaw, C. (2000). Evaluation of spinning disk reactor technology for the manufacture of pharmaceuticals. *Ind Eng Chem Res, 39*, 2175-2182.

CHAPTER 6

強化四：反應器

6.1 前言

　　反應器不僅是化學反應發生的所在，也是化學製程中最重要的設備。它的型式、容積與內部設計直接影響產品的純度與生產成本。由於反應器中盛裝大量反應性的物質，即使在停工狀態，也可能會因洩漏而造成嚴重的意外事故；何況，在正常操作生產時，萬一反應失控，後果更不堪設想。因此，為了提升製程安全，設計工程師多選用低容量與高效率的反應器。反應器的選擇除了輕薄短小與高效率的基本原則外，還應該考量下列項目：

　　1.以連續式取代批式。
　　2.強化內部流體的混和程度。
　　3.應用創新型反應器。
　　4.整合化學反應與熱能交換。
　　5.整合化學反應與分離。

本章僅討論前三個項目，整合部分則列入第七章中。

6.2 連續式反應器

　　批式反應器是化學工業中最普遍使用的反應器，其優點是構造簡單，僅有反應槽體與攪拌裝置，易於製作與安裝，適於產品規格變化大、產量小的生產場所。其缺點為：

　　1.容量大：反應器在固定的反應時間內，盛裝一定體積的高危害性與　　　高反應性的物質。
　　2.反應速率變化大。

3.單位時間內的溫度與壓力變化大。

4.材料在反應時間內所承受的溫度與壓力變化大，易於疲勞老化。

5.反應不在穩態下進行，難以控制。

　　雖然批式反應器有許多缺點，它仍然普遍存在於特用、精細或客製化學品的生產場所中。主要原因是這些生產工廠的發展是循序漸進的，其產品的配方與市場不斷地改變，只要產品有經濟效益，經營者通常會加強消極性的防護設施，如疏解、排放、隔離或消防設施，而不由本質上改善；因此，仍然存在很大的本質安全改善潛力與機會。在此僅介紹幾個著名的改善案例。

6.2.1　硝化甘油合成

　　硝化甘油（nitroglycerin）（$C_3H_5N_3O_9$），又稱硝酸甘油酯、三硝酸甘油酯與三硝酸丙三酯，是一種爆炸能力極強的炸藥。它是1847年由都靈大學（University of Turin）的化學家索布雷洛（Ascanio Sobrero）將甘油與發煙硝酸在硫酸的催化作用下所合成的（圖6-1）。

　　硝化甘油的工業製程可分為批式與連續式等兩類。批式製程以諾貝爾（Alfred Nobel）於1862年所開發的諾貝爾製程（Nobel process）與納唐─湯姆生與林拖爾製程（Nathan, Thomson and Rintoul process）為代表。連續式製程有下列幾種[1]：

1.施密德製程（Schmidt process）。

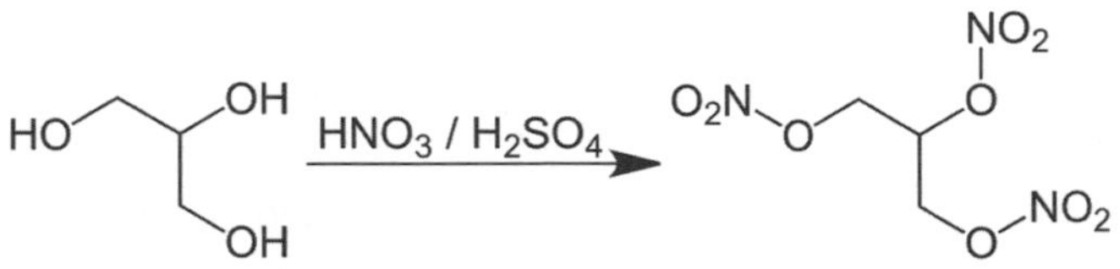

圖6-1　硝化甘油合成反應

2.拜亞茲製程（Biazzi process）。

3.噴射硝化製程（N.A.B Injector Nitration process）。

4.海克力斯管式製程（Hercules tubular process）。

5.微反應器。

目前，生產硝化甘油的工廠多使用連續式拜亞茲或噴射硝化製程。

由於硝化反應為放熱反應，反應熱必須由冷卻水移除，否則反應會由於溫度上升而導致失控而爆炸。在批式反應器中進行硝化甘油的合成雖然危險，但一直到1935年，諾貝爾公司首先應用拜亞茲（Mario Biazzi）所開發的連續式製程後，才逐漸消失。由**表6-1**可知，一個每小時生產1,200公斤的拜亞茲反應器的容量不僅比批式低（約40%），而且反應快速，僅需40%反應時間。由於反應器內硝化甘油重量為80公斤，僅為批式反應器中的8%，因此安全程度大為提升。

1950年，瑞典諾貝爾公司的尼爾遜（Nilssen）與布努柏格（Brunnberg）所開發的噴射硝化製程，係應用一個注射器以混和反應物，再以離心機將硝化甘油與廢酸分離出來（**圖6-2**）。由於反應物在反應器內的停留時間僅2分鐘，一個每小時生產1,200公斤的反應器內僅含2公斤硝化甘油，風險僅為拜亞茲製程的2.5%。

表6-1　每小時生產1,200公斤的拜亞茲連續式硝化甘油與批式製程的比較[2]

項目	拜亞茲	批式
反應器容量，公升	125	305
冷卻面積，平方公尺	10	23
單位冷卻面積，平方米／公升	0.08	0.0075
反應時間，分	10	50
熱傳係數，千卡／平方米、度、時	800	365
進料溫度，攝氏度數	-5	-20～-25
反應器中硝化甘油量，公斤	80	1,000

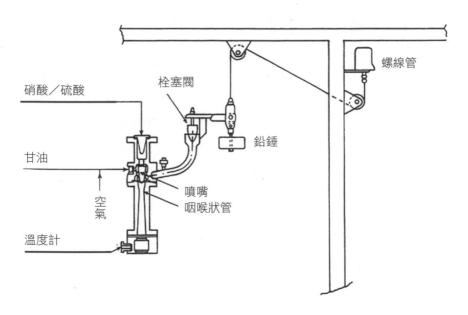

圖6-2　噴射硝化製程（N. A. B Injector Nitration process）

　　德國弗勞恩霍夫化學技術研究院（Fraunhofer Institute for Chemical Technology, ICT）應用手掌大小的微反應器[3]，每天可連續地合成10～50公斤的硝化甘油（**圖6-3**）。

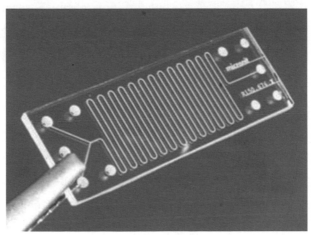

圖6-3　微反應器[3]

6.2.2　環氧乙烯衍生物合成

　　早期環氧乙烯衍生物（ethylene oxide derivative）的合成是在批式反應器內進行。首先將觸媒與液態反應物輸入反應器中，然後再緩慢地加入環氧乙烯。環氧乙烯非常不穩定，閃火點低（-20度）與點燃能量（0.6 Mj）皆低，易於著火爆炸。由於反應速率快，可直接將反應物與觸媒注入連續管式反應器中，可以大幅降低風險[4]。

6.3 振盪式流動化學反應器

　　穩態反應器中的自然週期隨反應物及觸媒的物理、化學特性及反應動力學有關，分子活性的週期自幾奈秒至微秒之間，液滴、氣泡約0.001～0.1秒。單層觸媒與滴濾床介於0.1～1秒間，流體化床約幾秒至幾分鐘間，移動床由幾分鐘至幾小時不等，生化反應器可能由數小時至數天之久。強制性的動態激發不僅可以造成反應器中物質與能量傳輸路徑與速率，還可促進分子間的接觸機率。

　　振盪式流動化學反應器（oscillatory flow chemical reactors）就是應用強制性的動態激發以促進反應分子的一種新型連續性管式化學反應器。如圖6-4所示，反應管前端有一個活塞，可以定期間管中振盪。由於管中裝置等距排列的孔盤，活塞的振盪會迫使管中流體經過孔盤時，產生環狀的旋渦與擾流現象，可以加強混和效果，熱能與質量的傳輸。

　　這種管式反應器與傳統管式反應器不同，管中反應物質的混和或熱量傳輸主要是受活塞的振盪，而與反應物質在管中的流動速率無關，反應管中流體的速率僅須維持最低的雷諾數所許可的範圍之上，所占的空間遠較批式攪拌反應器小；因此，適用於速率較慢與多相態的化學反應。

　　植物油與甲醇在觸媒的催化作用下，可經轉酯化產生脂肪酸甲酯

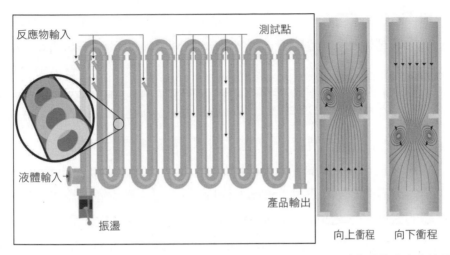

(a)外觀　　　　　　　　　(b)活塞振盪後會產生旋渦

圖6-4　振盪式流動管式化學反應器

（生質柴油）與甘油（**圖**6-5）。觸媒可分為酸性與鹼性兩類，酸性觸媒為硫酸、磷酸、鹽酸等，價格較為低廉，但反應速率遠較鹼性觸媒如氫氧化鈉、甲醇鈉、氫氧化鉀、甲醇鉀等慢幾十至幾百倍，因此一般皆使用鹼性觸媒。如果以氫氧化鈉為觸媒，在65℃反應溫度下，應用傳統內附攪拌裝置的批式桶槽型反應器，約需1.5～2小時的反應時間，才可將脂肪酸

$$
\begin{array}{cccc}
& H & & H \\
R_1COO\text{-}C\text{-}H & & R_1COO\text{-}CH_3 & H\text{-}C\text{-}OH \\
R_2COO\text{-}C\text{-}H \quad + \quad 3CH_3OH \quad \rightarrow & R_2COO\text{-}CH_3 \quad + & H\text{-}C\text{-}OH \\
R_3COO\text{-}C\text{-}H & & R_3COO\text{-}CH_3 & H\text{-}C\text{-}OH \\
& H & & H
\end{array}
$$

三酸甘油脂　　　　　甲醇　　　　　生質柴油　　　　　甘油

圖6-5　轉酯化反應方程式

轉變成脂肪酸甲酯。

　　英國劍橋大學的哈威等（A. P. Harvey, M. R. Mackley, T. Seliger）應用一個0.25米直徑、1.5米長、內體積1.56公升的振盪管，在常壓、50～60℃溫度間與4：1的油醇比條件下，可將菜籽油在10～30分鐘內成功地轉化為生質柴油，轉化率高達99.5%以上[5]。由於管式反應器的體積遠低於批式反應器，而且停留時間也短，投資成本與風險自然大幅降低。

　　2004年，由英國愛丁堡市赫瑞瓦特大學（Heriot-Watt University）所分出的英國倪氏技術公司（NiTech Solutions）是少數生產振盪式流動管反應器的廠商之一。2007年，英國一家生產染料與特用化學品的公司——詹姆斯羅賓遜公司（James Robinson, Ltd.），以NiTech Solutions公司所開發的連續振盪擋板式反應器（continuous oscillatory baffled reactor）取代既有的批式桶槽式反應器（圖6-6），可大幅降低反應器的體積、廠房面積與反應時間[6]（表6-2）。

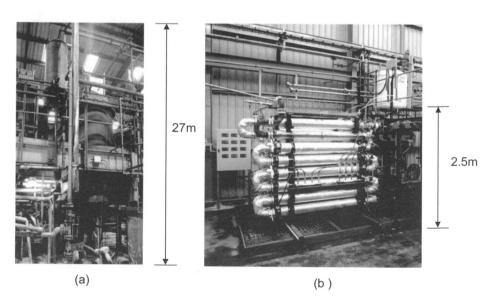

(a)　　　　　　　　　　　　　　(b)

圖6-6　(a)傳統桶槽式反應器；(b)詹姆斯羅賓遜公司以NiTech Solutions公司開發的振盪式流動管反應器[7]

表6-2　詹姆斯羅賓遜公司實驗數據比較

參數	批式	振盪管式
反應器體積（公升）	16,000	270
廠房面積 （平方米）	1,200	45
總反應時間（時）	12	<0.1
重氮化反應（diazotization）時間 （時）	2	<0.1
環化反應（cyclization）時間 （時）	0.3	<0.1
產率（%）	83	89
純度（%）	99	99
日產量（公斤）	180	180～205

　　由表6-3可知，連續振盪、擋板式反應器已被應用於精細、高分子及特用化學品、原料藥、糖類與凝結製程，反應停留時間可由數小時縮減到15～45分鐘，縮減幅度介於2～30倍之間。優點為[7]：

1. 促進反應管中以層流方式流動的流體間的混和程度，降低反應停留時間。
2. 熱傳係數提升10～30倍。
3. 促進氣液接觸表面積與混和程度、影響氣泡大小分配範圍與增加氣體在液體中的停留時間，因此可以促進質量傳輸。
4. 副反應、副產品與汙染物的產生低：由於消除反應管中不同位置質

表6-3　振盪式流動管與批式反應器的停留時間比較　　　單位：分

製程	批式	振盪管式
精細化學品	360	30
高分子	480	45
特用化學品	720	40
活性藥物成分	600	20
糖類產品	30	15
凝結	60	0.17

量與熱能傳輸的落差，反應易於控制在最佳條件下。

5.體積平均剪切速率低，約10～20／秒，僅為批式反應器（100／秒以上）的10～20%，適於對剪切力敏感的生化、生醫或生藥製程。

任何一個創新技術都有缺點與應用的極限，振盪式流動反應器自然也不例外。依據過去的應用經驗，它有下列的缺點[8]：

1.不適用於乙烯、丙烯或乙二醇等原料或產品為氣體的製程，因為振盪所造成的氣體混和最大效果僅為15%左右。以液體為原料的反應則不受此限制，因為液體原料可以經回流以增加混和效果。

2.固體含量不能太多，視固體顆粒大小分配比例與密度等物理特性而異，以不超過25%為原則，因為固體會影響振盪波動的進行與混和效果。

3.液體的黏度不能太高，理論上以低於500厘泊（centipoise）為原則。由於絕大多數化學與製藥工業所使用的液體原料或產品多為牛頓流體，其黏度會隨溫度增加而減少，因此，如果製程在升溫的情況下操作時，此黏度限制可酌略提高。

6.4 旋轉碟反應器

傳統批式攪拌反應器最大的缺點是物料的混和程度與反應器的體積有密切的關係。由於攪拌器所產生的旋渦中間的循環速度與攪拌器轉速有關，而停留時間與反應器的直徑成正比，因此當反應器體積增加時，如果攪拌器的速度不變，則停留時間會增加。如果維持同樣的停留時間，就必須降低攪拌器的速度。因此當一個新製程由實驗室規模放大時，就會產生嚴重的問題。美國食品與藥物署堅持藥物的開發必須經過嚴謹的實驗室、原型工場與實體工場的程序驗證。由於法規繁瑣與行政效率的耽

誤，新藥開發速度慢且費時[9]。

　　藥物的價格高、產量小。以一個年產只有500噸的高價藥物或精密化學品而言，假設反應物與溶劑約為產品的4倍，若以連續式反應器生產，每年操作時間以8,000小時估算，則每秒流速只有70毫升（4.2升／分）。因此只要將這種規模的連續式製程在實驗室中開發出來，即可避免製程放大所需的行政管理與監督的問題。這種案頭式（desktop）生產方式適於新藥物的開發與客製品的生產。一個直徑30釐米的旋轉碟式反應器每秒可處理30公克的原料，每年可生產900噸聚合物或216噸精細化學品。若以批式反應器生產，反應器體積高達2,000公升。

　　由於超重力旋轉填料床已成功的應用於吸收、蒸餾、冷凝、結晶、萃取與反應等化工製程單元，因此將離心力應用於化學反應器中是大勢所趨，旋轉碟式就在這種情況下產生。

6.4.1　構造

　　圖6-7顯示一個旋轉碟反應器的外觀與構造。它與旋轉填料床類似，具有一個由馬達驅動的高速旋轉桿所帶動的轉盤，可促進流體間的接觸與混和。

　　液體由反應器上端的管線進入旋轉碟的中心，經旋轉碟的作用，形成高剪力的液體薄膜，由中心沿切線方向向外流動，最後由反應器底部排放。流過旋轉碟表面的液膜很不穩定，內膜會被破裂成螺旋狀的紋波，可加強質傳與熱傳績效，最適於會產生高熱流或高黏度流體的化學反應[10]。

　　旋轉碟反應器的質傳係數與碟的半徑關係如圖6-8所顯示，轉速愈高、半徑愈大，質傳係數愈高。

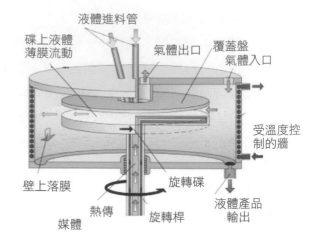

(a)外觀   (b)構造

圖6-7　旋轉反應碟[10]

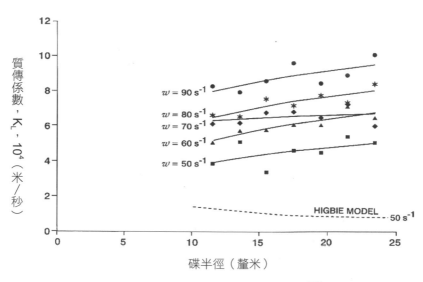

圖6-8　質傳係數與碟半徑的關係[11]

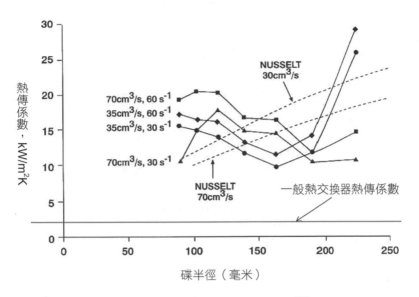

圖6-9　熱傳係數與碟半徑的關係[11]

　　熱傳係數與碟半徑的關係如圖6-9所顯示，熱傳係數遠比一般熱交換器高出5～15倍之多[11]。

6.4.2　應用案例

　　總化學反應速率會受質傳速率與分子間的微觀反應速率影響。當分子間化學反應速率快速時，總反應速率快慢受質傳速率的控制。由於超重力旋轉碟反應器可大幅增加質傳與熱傳速率，因此極適用於快速或放熱化學反應的製程上[12]。

一、聚苯乙烯

　　聚苯乙烯的合成是一個很好的範例，因為離心力將高黏度的聚合物混和均勻，可以大幅縮減反應時間。蘭姆蕭等曾應用旋轉碟反應器進行聚苯乙烯的合成反應，發現轉化率愈高，所節省的時間愈長。當轉化率接近

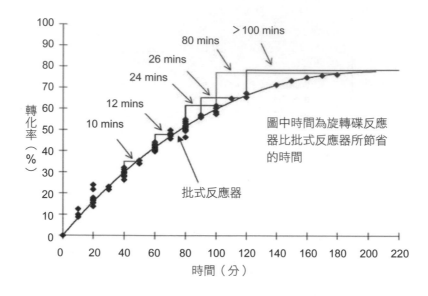

圖6-10　旋轉碟反應器與批式反應器應用於聚苯乙烯合成的比較[9]

80%時，約可節省100分鐘的反應時間（**圖**6-10）[13]。

二、聚酯

聚酯（polyesters）是由馬林酐與乙二醇經聚縮合反應所產生的。在反應過程中，必須將所產生的水由分子量愈來愈大、黏稠度愈來愈高的聚合物中移除，否則轉化率會受到化學平衡的限制。旋轉床中物質的質傳速率高，不僅可縮短反應時間，而且離心力會將高黏度液態產物形成薄膜，可促成副產品的蒸發移除[12]。

蘭姆蕭等應用一個表面上有凹槽的銅製的旋轉碟反應器，可在200度與100rpm轉速下，成功地完成聚酯的合成。由於酸價降低時，聚合轉化率隨之上升，因此只需量測酸價的變化，即可換算出轉化率。由**圖**6-11可知，旋轉碟所需反應時間比傳統批式反應器約減少190分鐘。

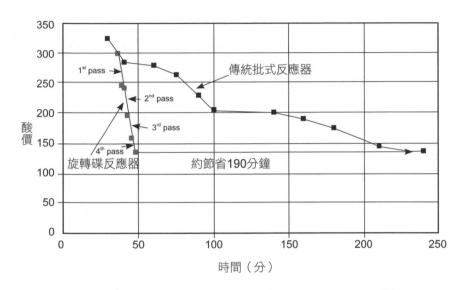

圖6-11　聚酯合成反應中，酸價與反應時間的關係[12]

三、精密化學品合成

　　Darzens反應又名Darzens縮合或縮水的酯類縮合反應，是俄國化學家Auguste Georges Darzens於1904年所發現的。它的反應式如**圖6-12**所顯示，係將酮類或醛類有機化合物與 α-氯化聚酯在鹼性溶液中混和，以產生 $\alpha\beta$-環氧聚酯（縮水甘油酸酯）的反應[14]。2000年，英國葛蘭素史克（GlaxoSmithKline）公司的研究人員曾應用旋轉碟可將所需的反應物容量與不純物分別降低99%與93%[43]。

圖6-12　Darzens反應

2001年，一個直徑20公分旋轉碟曾被應用於 α-氧化蒎烯（α-pinene oxide）的重組，以產生龍腦烯醛（campholenic aldehyde）的反應。連續式旋轉碟反應器的反應時間僅1秒鐘，約為傳統批式反應器須三百分之一，因此它每小時可處理209公斤的原料，遠比批式高175倍。龍腦烯醛是檀香為合成香料的重要中間體香水製造的中間產物，如每年生產時間以8,000小時估算，這種桌上型旋轉碟每年即可生產1,300～1,500噸產品，已具商業化規模。

四、發酵反應

德國慕尼黑工業大學的沃特教授等（H. Voit, F. Gotz, A. B. Mersmann）應用一個離心生化反應器提高肉葡萄球菌（Staphylococcus carnosus）生產脂肪酵素的生產效率。他們發現旋轉床對微生物成長或胞外蛋白質沒有影響，但氧氣的傳輸速率為傳統搖擺式反應器中10倍[15]。

五、異丁烯異戊二烯橡膠聚合

異丁烯與異戊二烯聚合產生異丁烯異戊二烯橡膠的聚合反應是一次反應，具有反應速率快、低溫（攝氏零下100度）與高放熱量等特點。在傳統的攪拌式反應器中，反應時間約5～50毫秒。北京化工大學陳建峰教授等應用一個轉輪外徑258毫米、內徑150毫米、高度50毫米的旋轉碟，可在較低的壓力（100kPa）下，將反應時間縮減0.01～0.1毫秒間[16]。

六、MDI生產

MDI是4,4-二苯基甲烷二異氰酸酯（4,4′-diphenylmethane diisocyanate，化學式4,4-$CH_2(C_6H_4NCO)_2$），其同份異構物與聚合物的通稱。MDI的合成程序是先以苯胺為原料，與甲醛在酸性溶液中縮合反應，再經鹼中和、蒸餾等步驟，產生二氨基二苯甲烷，最後與碳醯氯反應與精餾精製。由於縮合反應不僅速率快，而且還會放出大量熱能，如果甲醛與

圖6-13　山東煙台萬華公司MDI工廠[17]

苯胺無法快速在酸性溶液中快速地均勻混和，或溫度控制不良，很容易產生2-甲基苯胺、2-甲基複合物等副產品，不僅產率低，而且可能造成管線的堵塞。應用旋轉碟不僅可促進反應物分子間的快速混和，而且還可快速將所產生的熱能移出，因此將產能由16萬噸／年提高至24萬噸／年與節省20%能源需求。副產品減少30%後，管線的堵塞問題也隨之解決。

　　西元2000年，中國煙台萬華公司與蘇州海基環保科技公司合作，興建了三條30萬噸／年的工廠[17]（圖6-13）。

6.5 微反應器

　　微反應器或稱微流道反應器（microchannel reactors），是應用精密加工技術所製造的特徵尺寸在10～1,000微米間的微型反應器（圖6-14(a)）。由於反應器中包含百萬以上的微型通道，極佳的熱傳和質傳的能力，物質可在瞬間內完成均勻混和、反應與熱量交換，許多在中大規模的反應裝置中無法實現的化學反應皆可在微反應器中完成。德國拜

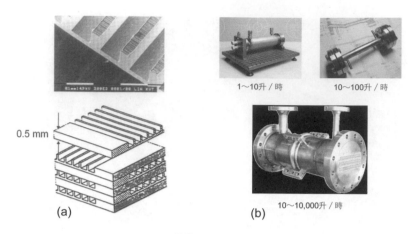

0.5 mm

1～10升／時　　　10～100升／時

10～10,000升／時

(a)　　　　　　　　　(b)

圖6-14　(a)微反應器[19]；(b)Miprowa系列微反應器[22]

耳—埃爾費爾德微技術公司（Ehrfeld Mikrotechnik BTS, EMB）所開發的 Miprowa系列微反應器（**圖6-14(b)**），已可以達到每小時幾萬公升的流量，普遍應用於新產品研發與高附加價值的產品與奈米材料上。2010年又與Lonza公司合作，推出符合GMP認證的Flowplate系列，流量由每分鐘1～50毫升至200～600毫升不等（**圖6-15**）[20, 21]。

　　此類反應器的特點為反應通道內的流體以層流方式流動，而且僅需依據通道數目即可將規模放大。由於每立方米體積的熱交換面積高達30,000平方米，總熱傳係數約20,000W/m²K，熱傳效果佳；再加上反應器內物質的容量極低，即使是放熱反應，溫度變化很小，相當於在等溫下進行。

　　其缺點為構造精密複雜，不僅價格高，而且難以製造出堅固耐用的設備。反應器由金屬或塑膠材料製成，僅限於由金屬或金屬複合物類的非均勻相觸媒。雖然接觸面積大，但由於載體表面所能黏著的厚度極薄，所能裝載的觸媒量亦低。另外一個缺點為反應導管微細，易於阻塞，導致生產無法連續進行。

　　微反應器適用於燃料電池所使用的氫氣產生的反應工程研究、高危

1～50 mL/min

左30～150 mL/min
右100～300 mL/min

200～600 mL/min

圖6-15　Flowplate微反應器[23]

害性化學品的合成、化學物質與觸媒的快速篩選或智慧型感受器的零組件。

　　德國美因茲微技術研究所（Institut für Mikrotechnik Mainz GmbH）開發了一種平行碟片結構的電化學微反應器，除了可提高由4-甲氧基甲苯合成對甲氧基苯甲醛反應的選擇性，還可應用於苯胺氧化成氧化偶氮苯、一氧化碳的選擇性氧化、加氫反應、氨的氧化、甲醇氧化產生甲醛、水煤氣變換以及光催化等反應。此外，微反應器還可應用於高危害性物質的現場生產、進行高放熱反應的動力學研究，以及觸媒、材料、藥物等的高通量篩選。

🧪 6.6 毫反應器

　　由於一般化學反應可接受的溫差與熱傳導度分別為2度與1W/mK，每立方米的熱傳面積僅需1,000平方米即已足夠，因此微反應器所提供的高熱傳面積並沒有任何優勢。在一個典型的反應器中，反應速率愈快，所需移除的熱能與熱傳面積愈大，所需反應器的特徵長度愈小。因此，從實用觀點而論，僅將反應器的特徵尺寸由傳統反應器的釐米縮小至毫米級即可，不必縮小至次毫米級的微反應器的層次。

　　微反應器是將觸媒塗布在金屬的微熱反應器的表面上，熱傳面積雖大，但是受限於奈米結構的厚度限制，催化反應的效果不佳。從另一個角度思考，應用具觸媒功能或奈米孔隙的陶瓷材料以製作熱交換器，可能會得到意想不到的效果（**圖6-16(a)**）。這種毫反應器的結構與板框式熱交換器的構造類似（**圖6-16(b)**），是由一片片平板結合而成，因此又稱為陶瓷觸媒板框式熱交換器。為了避免冷卻劑與反應物接觸，可應用對流化學蒸氣沉積法（**CVD**）以密封反應物與冷卻流體間的隔板。

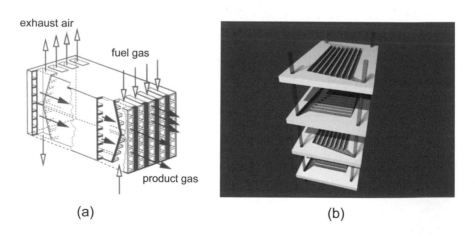

(a)　　　　　　　　　　　　　　　(b)

圖6-16　(a)以單層觸媒為材料所製作的熱交換器；(b)觸媒熱交換器內部觸媒平板的排列[19]

它的構造為：

1.多孔觸媒的厚度約1～2毫米。

2.平面與雷射雕刻的平板間隔排列。

3.平板疊合後黏合。

4.冷熱流體的流動可設計為順流、對流或如X形的交叉方式。

5.可依需求，將模組組合各種不同的型式。

毫反應器內流體流動模式為層流，導管內冷熱流體與溫度分布均勻（**圖**6-17），可以應用計算流體動力學電腦程式模擬管道中的流動情況。優點為：

1.高轉化率與產品選擇性。

2.產品品質佳。

3.反應易於控制。

4.連續式操作。

5.製造與操作成本皆低。

6.模組化設計，可視需求，自行組裝成所需的規模。

7.易於再生、回收或處置老化的觸媒。

8.不會發生熱失控狀況。

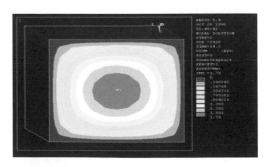 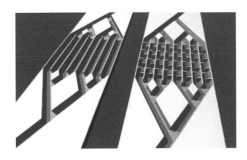

圖6-17　**毫反應器內部溫度分布**[24]

表6-4與圖6-18列出各種不同型式的毫反應器與微反應器、管式、批式攪拌反應器的比較，其中以微反應器的強化因子最大，為傳統批式攪拌反應器18,000倍，毫反應器約為傳統批式的400～2,500倍。

表6-4　各種不同型式反應器的比較[24]

設備型式	微反應器	熱交煥反應器	熱交煥反應器	熱交煥反應器	熱交煥反應器	管式反應器	批式反應器
製造廠家	FZK	Boostec/LGC	Shimtec	Corning	Alfa Laval		
材料		碳化矽		玻璃	不鏽鋼		
總熱傳係數，W/m^2K	2,000	700	3,000	660	2,500	500	400
最大停留時間	幾秒	幾分	幾秒	幾秒至幾分	幾分	幾分	幾小時
緊密度，m^2/m^3	9,000	2,000	2,000	2,500	400	400	2.5
強化因子，kW/m^3K	18,000	14,000	6,000	1,650	1,000	200	1

(a)FZK微反應器　(b)Boostec/LGC碳化矽熱交換毫反應器　(c)Shimtec熱交換毫反應器　(d)Corning玻璃熱交換毫反應器　(e)Alfa Laval熱交換毫反應器

圖6-18　不同型式的微反應器與熱交換毫反應器[24]

6.6.1　碳化矽毫反應器

材質的吸熱係數（effusivity）是影響熱交換反應器強化因子的最主要的參數。由於吸熱係數是導熱率、比熱與密度乘積的平方根，吸熱係數愈

大，每單位質量的單位接觸面積所能傳導的熱量愈大。碳化矽的導熱率高達180W/mK，約為不鏽鋼的11倍與玻璃的180倍，雖然它的比重僅為不鏽鋼的40%，但其吸熱係數高達20,000，分別為不鏽鋼與玻璃的1.25與13倍（**表6-5**）。

表6-5 碳化矽、不鏽鋼與玻璃物理特性比較

物理特性	碳化矽	SS304不鏽鋼	玻璃
導熱率（λ）W/mK	180	16.3	1.1
比熱（Cp）j/kgK（20℃）	680	448	740
密度（ρ）kg/m^3	3,210	7,900	2,600
吸熱係數（λCpρ）$^{1/2}$	19,821	7,595	1,455

圖6-19所顯示的一個由Boostec公司與LGC共同開發的碳化矽毫反應器，它是由十一個平板，是由五個供反應流體流動的碳化矽模組（灰色）與六個冷卻或加熱流體的平板（藍色）所組成，具耐500度以上高溫。耐高壓、高磨損阻力、袖珍與可在線上以加熱或化學方式清理等優點。

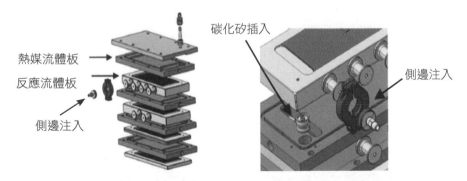

熱媒流體板
反應流體板
側邊注入
碳化矽插入
側邊注入

圖6-19　Boostec/LGC碳化矽熱交換毫反應器

6.6.2　BHR毫反應器

　　BHR集團所開發的毫反應器（**圖6-20**），曾被應用於Hickson-Welch
製程〔兩階段硫醚氧化以產生碸類（sulfone）的觸媒反應〕，可將反應時
間由18小時縮減至15分鐘。

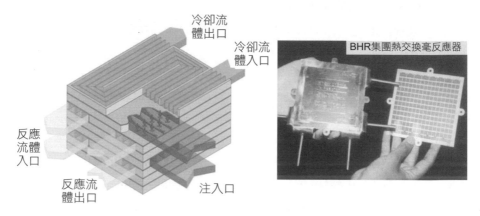

冷卻流體出口
冷卻流體入口
反應流體入口
反應流體出口
注入口
BHR集團熱交換毫反應器

圖6-20　BHR集團所開發的熱交換毫反應器的內部構造與外觀[24]

6.6.3　阿法拉伐板式毫反應器

　　著名的熱交換器與分離設備製造公司——瑞典的阿法拉伐公司（Alfa
Laval）的ART PR37板式反應器（**圖6-21**），適用於液態放熱反應。它是
一種連續式毫反應器，由一連串特殊製造的匣板所組成。匣板的內部構造
如**圖6-21(c)**所顯示，每個匣板上皆有微細的導管，可供反應流體與熱媒
流體通過。由於反應與熱媒流體所通過的匣板密切接觸，可達到最佳混和
與熱能交換的功能。由於設計模組化，可依容量需求，將不同匣板疊積
組合。3片實驗工廠規模的毫反應器的容量約1.4公升。以90秒停留時間估
算，每小時即可處理50公升。大型商業化工廠規模每小時可處理1～3立
方米。

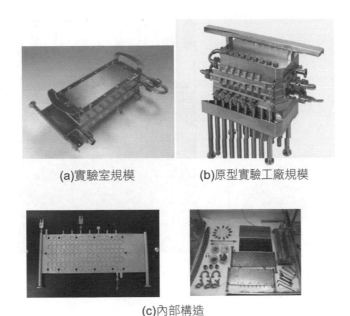

(a)實驗室規模   (b)原型實驗工廠規模

(c)內部構造

圖6-21 阿法拉伐公司（Alfa Laval）所開發的熱交換毫反應器[24]

6.6.4 Velocys毫反應器

　　英國Velocys公司（前身為牛津觸媒，Oxford Catalysts）的毫反應器的流道介於0.1與1毫米之間，遠比傳統反應器的3～10釐米細小（**圖6-22**）。該公司所開發的以費托法（Fischer-Tropsch process）將氫氣與一氧化碳轉化為液態烴的反應器，包含數以萬計的充滿觸媒與冷卻水的微流道，可以迅速去除反應所釋放的大量熱能，適用高活性的觸媒反應。

　　2014年8月，Velocys公司宣布與美國廢棄物管理公司（Waste Management, Inc.）合作，在美國奧克拉荷馬州東橡樹掩埋場興建一座以該公司的微反應器技術、以費托法產生汽油的工廠[25]。Velocys公司以微反應器組成的反應器的體積遠低於南非Sasol公司所使用的傳統反應器（**圖6-23**）。一個每天生產1,400桶汽油的工廠體積僅90英尺長、46英尺寬與40英尺高[25]。

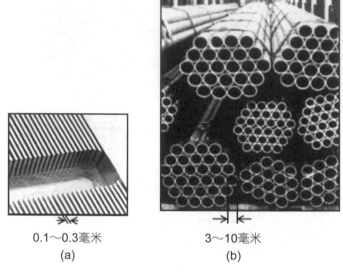

0.1～0.3毫米　　　　　　　　3～10毫米
(a)　　　　　　　　　　　(b)

圖6-22　(a)微反應器流道；(b)傳統反應器流道

(a)　　　　　　　　　　　(b)

圖6-23　(a)南非Sasol公司的傳統反應器；(b)Velocys公司所開發的由微反
　　　　應器組成的裝置[25]

6.6.5　TNO螺旋管式反應器

荷蘭應用科學研究院（**TNO**）所開發的螺旋管式反應器（**圖6-24**）具有熱能交換速率高、徑向混和佳與柱塞是流動特徵等優點，適於高放熱與含懸浮固態物質的反應。

其優點為：

1.反應器體積可縮減3倍以上，但能達到4倍產量。

2.能量需求減少75%。

3.廢棄物減少30%。

4.經常費用減少3倍以上。

5.易於放大規模。

6.投資在一年即可回收。

(a)螺旋管外觀

(b)管內溫度變化

(c)反應器

圖6-24　TNO螺旋管式反應器[24]

🧪 6.7 結語

　　化學反應是化工製程中最主要的部分，反應器的選擇與設計直接影響產品品質、成本與風險。以適當低容量、高效率、連續式反應器，取代傳統批式桶槽式反應器可大幅減少危害性物質的容量與風險。近年來，振盪式流動化、旋轉碟、微反應器等新型反應器已成功的應用於製藥與精密化學品的生產。預計在未來十年內，新型反應器將取代傳統型式，成為市場的主流。

參考文獻

1.陸開泰、葉早發、林鵬舉（2005）。〈硝化甘油Biazzi連續製程動力學研究及安全操作條件分析〉。《中正嶺學報》，第34卷，第1期，頁1-13。

2.Urbanski, T. (1965). *Chemistry and Technology of Explosives, Volume II*, Authorized Translation by W. Ornaf and S. Laverton, PergamonPress, Oxford.

3.Turley, A. (2012). Industrial nitroglycerin made fast and safe. *Chemistry World*, June 21. http://www.rsc.org/chemistryworld/2012/06/industrial-nitroglycerin-made-fast-and-safe.

4.Kletz, T. A. (1991). *Plant Design for Safety*. Hemisphere Publishing Corp., New York, NY, USA.

5.Harvey, A. P., Mackley, M. R., Seliger, T. (2003). Process intensification of biodiesel production using a continuous oscillatory flow reactor. *J Chem Technol Biotechnol, 78*, 338-341.

6.NiTech Solutions (2014). http://www.nitechsolutions.co.uk/

7.Laird, I. (2007). Process Intensification at NiTech Solutions. PI Meeting at Grangemouth 26th April 07.

8.Wikipedia (2014). User: NiTech 2008/Oscillatory baffled reactor. http://en.wikipedia.org/wiki/User:Nitech2008/Oscillatory_baffled_reactor.

9.Ramshaw, C. (2003). The spin disc reactor. In *Re-Engineering the Chemical Processing Plant*. Marcel Dekker, New York, USA.

10.Trent, D. (2003). Chemical processing in high-gravity fields. In *Re-Engineering the Chemical Processing Plant*. Marcel Dekker, New York, USA.

11.Anoue, A., Ramshaw, C. (1999). *Int. J. Heat & Mass Transfer, 42*, 2543-2536.

12.Ramshaw, C. (1993). The opportunities for exploiting centrifugal fields. *Heat Recovery Systems CHP, 13*(6), 493-513.

13.Boodhoo, K. V. K., Jachuck, R. J., Ramshaw, C. (1997). Spinning disc reactor for the intensification of styrene polymerization. In: Semel J, ed. 2nd *International Conference on Process Intensification in Practice*. London: BHR Group, 125-133.

14.Darzens, G. (1904). *Compt. Rend. 139*, 1214.

15.Voit, H., Gotz, F., Mersmann, A. B. (1989). Overproduction of lipase with

Staphylococcus carnosus (pLipPS1) under modified gravity in a centrifugal field bioreactor. *Chem Eng Technol, 12*, 364-373.

16. Chen, J. F., Gao, H., Chu, G. W., Zhang, L., Shao, L., Xiang, Y., Wu, Y. X. (2010). Cationic polymerization in rotating packed bed reactor: Experimental and modeling. *AIChE J., Volume 56*, Issue 4, 1053-1062.

17. 海機環能（2014）。〈三條30萬噸／年超重力MDI生產線〉。

18. Oxley, P., Brechtelsbauer, C., Ricard, F., Lewis, N., Ramshaw, C. (2000). Evaluation of spinning disc reactor technology for the manufacture of pharmaceuticals. *IEC Res, 39*(7), 2175-2182.

19. Agar, D. W. (2004). Multifunctional reactors: Integration of reaction and heat transfer. In *Re-Engineering the Chemical Processing Plant*. Marcel Dekker.

20. Roberge , D. M., Gottsponer, M., Eyholzer, M., Kockmann, N. (2009). Industrial design, scale-up, and use of microreactors. *Chemistry Today, Vol. 27*, n 4/July-August, 8-11.

21. Wikipedia (2014). Microreactor, http://en.wikipedia.org/wiki/Microreactor.

22. BHS (2013). Modular Microreactor Technology. Ehrfeld Mikrotechnik BTS.

23. Lipski, R. (2013). Smaller Scale GTL. Oxford Catalysts/Velocys, UK.

24. Stefanidis, G. (2014). Process intensification. course notes, chapter 7, Synergy I, Delft University of Technology, Delft The Netherlands.

25. Velocys (2014). Velocys announces commercial-scale GTL plant gets go-ahead. *Biomass Magazine*, August 1.

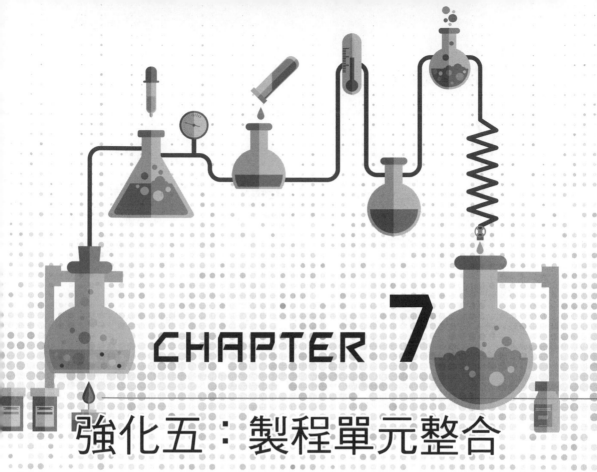

CHAPTER 7

強化五：製程單元整合

7.1 前言

　　功能強化係整合幾個不同功能的設備，以產生「一加一大於二」的效果，也就是企業管理常用的協同效應（synergy）。最早提出整合觀念的學者是戰略管理的鼻祖——伊戈爾‧安索夫（H. Igor Ansoff, 1918-2002）。他認為朋友或企業間的互補聯盟會產生「二加二大於四」的效果。

　　早期，協同的概念多應用於戰略、人事管理、電腦程式、傳媒等領域中，後來逐漸應用於醫藥與化學上，例如：

1. 將麵粉、水、酵母混和後，再送進烤箱加熱，可以做出好吃的麵包。
2. 兩種或兩種以上的毒物混和後，毒性增加，死亡率高於預期的百分比。
3. 兩種或兩種以上的藥物相互混和後的藥效大於每藥物單獨藥效的總和。
4. 吸菸與飲酒、嚼食檳榔等加速癌症的生成。

　　傳統化工製程係以混和、反應、能量交換（加熱、冷卻、冷凍等）、分離（蒸餾、吸收、吸附、結晶等）等物理或化學程序為單位，再以管線連結與幫浦、壓縮機等驅動設備所組合而成的。由於每一個製程設備或單元皆有其特殊功能，不僅設計與製造模組化，而且易於操作與維護。然而，從製程強化的角度而言，以此種設計理念所設計出的工廠製程不僅設備多而複雜、投資成本高、能源使用效率低，而且風險高。如能將不同的功能整合在一個多功能的反應器或設備中，可能會產生投資成本的降低、能源、生產效率或產品選擇性的提升與原料損耗減少等功效。

　　傳統的化學製程中偶有協同效應的案例出現，只是並未形成設計的

共識。煉油廠中的流體觸媒裂解（Fluid Catalytic Cracking, FCC）製程就是一個很好的案例。早在1940年代，美國紐澤西標準石油公司（Exxon-Mobil石油公司的前身）的工程師就將熱能管理、觸媒傳送、裂解與觸媒再生等設計在一個由反應器與再生器所組合的孿生反應器中。然而，這種功能整合的設計理念並未普遍為化學工程師所認同，一直到了二十世紀的末期，才開始受到重視。

　　整合的案例眾多，難以全部介紹，本章僅討論下列與反應器相關且已商業化的案例，以供讀者參考：

　　1.反應與混和。
　　2.反應與熱能交換。
　　3.反應與分離。

7.2 反應與混和

　　反應與混和的整合可分為相態間（inter-phase）與反應器內（intra-reactor）的整合等兩類。相態間的整合手段是在反應器中加裝促進混和的裝置，以促進不同相態間反應物的質量傳輸。反應器內的整合則為在反應器內加裝設備，以促進反應器內物質的混和與質量傳輸。

7.2.1　相態間整合

　　兩個反應物相態不同時，混和的均勻與否直接影響相態間的質量傳輸與反應速率。以碳氫化合物的氧化為例，整體反應速率與觸媒的活性關係不大，而是被流體的雷諾數所控制。雷諾數愈大，亂流程度愈高，空氣或氧氣與液態碳氫化合物的接觸機會愈大，反應速率也隨之增加。液體氧化與噴射反應器即以強化氣態與液態間的混和為目的所開發的反應器。

一、液體氧化反應器

在碳氫化合物的氧化反應中，氧氣必須以加壓方式噴入與分散於液態碳氫化合物中。液體中氣泡的分散與氣泡中氧氣的濃度直接影響氧化反應速率。然而，當氧氣濃度過高、超過碳氫化合物的爆炸下限時，即會引燃爆炸。由於常見液體碳氫化合物的爆炸下限約8±9vol%，因此氧氣濃度的上限訂為4±5%。為了安全起見，絕大多數的此類反應皆使用空氣，而避免直接使用氧氣。

美國普萊克斯公司（Praxair Inc.）開發出一種應用於直接以氧氣氧化對位二甲苯以產生對苯二甲酸的液體氧化反應器（LOR），產品品質較以空氣為氧化劑的傳統反應器佳[2, 3]。此反應器的構造與傳統機械攪拌式反應器類似，只是在攪拌器外加裝一個通風套筒與一個阻擋氣泡進入液體上層的擋板（圖7-1）。純氧由導管直接進入攪拌器的底部，而液體表面上

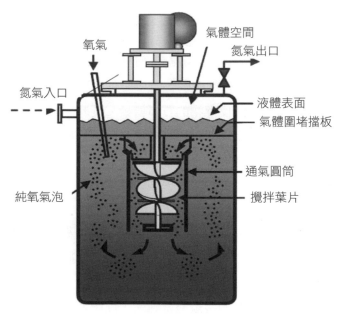

圖7-1　液體氧化反應器[2]

的氣體空間則由氮氣盲封，以維持氧氣的濃度遠低於碳氫化合物的爆炸下限[4]。

此反應器比傳統空氣氧化器具有下列幾個優點（**表7-1**）：

1.在較低的反應溫度與壓力下操作。

2.醋酸與水產量低。

3.副產品如有機與多苯環有機物等產量低。

4.對苯二甲酸產量高。

5.排氣量與風險低，對環境友善。

二、噴射反應器

噴射反應系統除了反應器外，還包括多管型熱交換器、氣體分散器（噴嘴或噴射器等）與管線等。由於噴射器所噴出的氣體速度快，所產生的混和效果遠大於機械式攪拌器，可以大幅加速反應、降低反應器的體積與投資成本。**圖7-2**所顯示的Buss環狀反應器就是以這種理念為基礎所設計的反應器[1]。

表7-1　普萊克斯公司的液體氧化反應器與傳統反應器應用於對位二甲苯氧化反應以產生對苯二甲酸的比較[2]

參數	液體氧化反應器	傳統反應器
氧化劑	純氧	空氣
溫度（℃）	180	200
壓力（atm）	9	17
時間（時）	1	1
轉化率	100	100
產品選擇性	98.2	96.2
醋酸損失（kg/100kgPTA）	<3	5月7日
4-CBA	1,500	3,000
340nm光密度	0	1

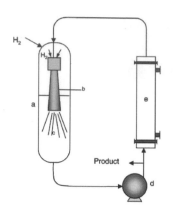

a.反應器
b.噴射器
c.反應液體
d.循環幫浦
e.熱交換器

圖7-2　氣體噴射式反應器[1]

其優點為：

1.連續操作模式。

2.反應物體積彈性化，液面高低可隨需求而變化[5]。

3.每立方米的氣液介面面積高達400,000～700,000平方米[5, 6]。

4.每立方米反應器的接觸面積高達500～2,500平方米[5, 6]。

5.適用於受限於液體質傳速率的快速反應，如液體碳氫化合物氫化、氧化、烴化、羧化、乙氧基化等反應[5, 6]。

7.2.2　反應器內的整合

反應器內整合可分成下列類型：

1.放熱反應與混和。

2.反應與動量。

3.觸媒反應與混和。

4.反應與質量傳輸。

本小節僅介紹前三項，而將反應與質量傳輸則列入反應與分離中。

一、放熱反應與混和

放熱反應係指參與反應的物質在進行反應時，會放出熱量。大部分的放熱反應，如燃燒、氧化等皆為自發性反應。為了確保反應在穩態下進行，反應器必須及時移除所產生的熱量，否則反應會因溫度不斷的升高而失控、爆炸。因此，反應器內的混合裝置可兼具熱交換功能。**圖**7-3所顯示的靜態混合裝置，皆由冷卻水管所構成，可迅速將反應熱移除。另外一種設計為反應物質在管殼式熱交換器的管中反應，除了在管中加裝靜態混合裝置，以促進反應物質間的質量傳輸外，並殼側以冷卻水或冷卻劑移除反應熱。

二、反應與動量

在氨氣的合成或由乙苯製造苯乙烯等化學製程中，皆需大量的氣體由反應器中快速地通過。由於氣體通過傳統觸媒填料床所產生的壓降過大，因此設計反應器時，必須設法降低壓降。應用下列三種反應器設計可解決壓降問題：

圖7-3　反應器中具熱交換功能的靜態混合裝置[7]

(一)平行通道反應器

平行通道反應器中，觸媒或吸附劑是裝入平行的網狀的封套板內
（圖7-4），而氣體由約10毫米寬的封套間隔中通過，以擴散方式與網內
觸媒接觸。由於此設計的壓降遠低於固定觸媒床的壓降，適合應用於粉塵
多的燃煤發電廠排放氣體的處理，因為粉塵不會被觸媒所收集。此類反應
器曾應用於殼牌石油公司的排氣脫硫與甲烷化的製程中[1, 8]。

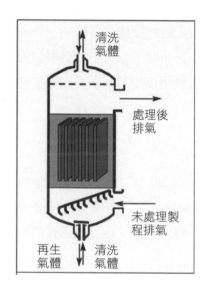

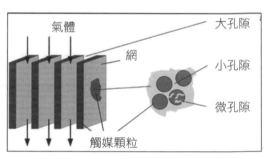

圖7-4　平行通道反應器[1]

(二)徑向流動反應器

高溫與低壓有利於苯乙烷脫氫產生苯乙烯的化學反應。在傳統苯乙
烯製程中，美國Lummus與UOP的工程師應用兩個徑向流動反應器（圖
7-5）與區間加熱器，以解決低壓問題。由於這種設計增加了流動表面
積，反應物質流經觸媒床的流量大幅降低，因而降低了壓降。

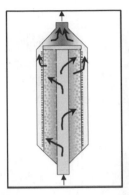

圖7-5　徑向流動反應器[1]

(三)複合結構式填料反應器

　　此類反應器中的觸媒如**圖7-6(a)**所顯示，是裝置於平行、垂直的封套中。當反應流體通過平行排列的觸媒床時，流體動量損失遠低於傳統隨意排列的觸媒床，壓降僅為十至十五分之一[10]。荷蘭台夫特學與美國Lummus公司的研究人員曾應用計算流體動力學程式模擬流體經過複合結構式填料床的流動狀態，發現電腦模擬結果與實驗數據類似，誤差在10～20%之內（**圖7-6(b)**）[9]。

三、觸媒反應與混和

　　傳統攪拌式反應器一直是精密化學品的主要生產工具。優點是操作方便，且適用於各種不同類型的反應，缺點為反應液體中的固體觸媒不僅易於流失、磨碎或凝聚成較大的顆粒，而且回收困難。如果能將觸媒固定於攪拌器上，則可解決觸媒流失或回收的問題了。單層攪拌式反應器就是依據這種理念所發展出來的新型反應器。

　　圖7-7顯示一個安裝於攪拌桿上的單層觸媒裝置與反應器。由於攪拌桿在反應流體內不停地擺動，固定於攪拌桿上的單層觸媒網或層不僅可以充分與反應流體接觸，而且也不會流失或凝聚，適合應用於低黏度的液體

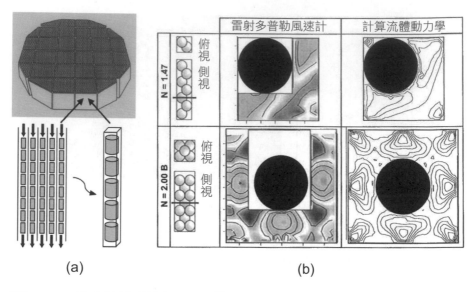

(a) (b)

圖7-6 (a)複合結構式填料反應器[1]；(b)以雷射多普勒風速計所測試與以計算流體動力學模擬結構式填料反應器中，流體經過觸媒的輪廓圖的比較[9]

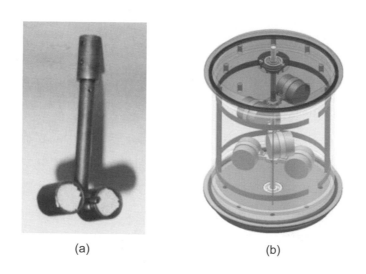

(a) (b)

圖7-7 (a)裝置於攪拌桿上的單層觸媒；(b)單層攪拌式反應器

[10]、氫甲醛化反應、生化反應與食品處理。

荷蘭台夫特大學的研究團隊曾探討裝置於攪拌桿上的單層蜂巢結構上的脂肪酵素的活性，發現其活性雖然遠低於一般酵素，但不易老化[11]。在3-甲基-1-戊炔-3-醇的氫化反應中，攪拌式單層觸媒反應器的觸媒活性與轉化率與在傳統反應器相當。由於沒有回收困難與流失的問題，因此可取代傳統攪拌式反應器。

7.3 反應與熱能交換

化學反應的速率、轉化率與產品的選擇性皆受溫度、反應物濃度、觸媒活性的影響，因此反應器的設計必須同時兼顧質傳與熱傳。無論是放熱或吸熱反應，反應器內熱能的交換皆很重要。以放熱反應而言，如果所產生的熱能無法及時移除，會造成局部過熱與反應失控的後果。對於吸熱反應而言，如果反應器無法提供足夠的熱能，反應不能順利進行，很容易會導致副反應與副產品的增加。

7.3.1　優點

無論是放熱或吸熱反應，熱能的即時與有效地交換是操控反應進行是否順利的最主要因素，因此將反應與熱能交換整合在同一個反應器中不僅可減少熱能損失、提高轉化率與選擇性、延長觸媒壽命、降低反應器體積與投資成本。由於反應器的體積減少，危害性物質的質量隨之降低，導致風險程度降低。

傳統攪拌式反應器的熱交換方式是在反應器外殼或內部加裝熱水或蒸氣管線、電熱線等。由**表7-2**可知，當體積增加時，每單位體積的熱交換表面積會降低。因此，在實驗室或小規模的反應器中所取得的數據，無

表7-2　攪拌式反應器的熱交換面積

容量（m³）	0.16	0.63	1.6	2.5	4.0	6.3	8	20	40
直徑（m）	0.6	1	1.4	1.6	1.8	2	2.2	2.8	3.4
重量（kg）	640	1,500	3,200	4,150	5,900	8,070	8,600	19,200	34,500
交換面積Ω（m²）	1.25 J	3.1 J	7.3 WC	8.3 J	13.23 WC	15.6 J	18 WC	34 J	55.2 WC
交換面積／體積 Ω/V（m²/m³）	7.8	5	4.5	3.3	3.3	2.5	2.2	1.7	1.4
ΩD／V	4.7	5	6.3	5.3	5.9	5	4.8	4.8	4.8
操作壓力（bar）	6	6	6	6	6	6	6	6	6
材料	ES	ES	ES	ES	ES	ES	ES	ES	ES

體積越大，交換面積越小

法作為體積放大的依據。如欲改善反應器內熱能交換方式，必須從反應器內溫度與濃度的剖面著手。

7.3.2　基本策略

反應器中溫度與濃度的剖面可經由對流（convection）、復原（recuperation）、再生（regeneration）與反應（reaction）等四種策略，由外界操縱（圖7-8）：

1. 對流：以部分反應流體或惰性流體注入反應器中，以調節溫度。
2. 復原：例如將熱能交換與反應結合的冷卻管式反應器，或將部分反應物或生成物經由特殊功能的膜滲透出去的膜反應器。
3. 再生：在反應器中加裝固定吸附劑床，經由吸附作用將熱能或物質儲存後，再以逆向方式再生；缺點為無法在穩態下進行。
4. 反應：以附加反應提供或移除熱能或產品；例如氧化脫氫反應利用氧化反應所產生的熱能提供脫氫反應之用。

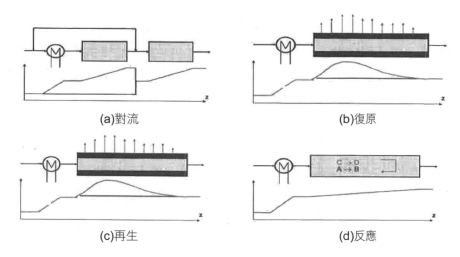

(a)對流　　　　　　　　　　　　　(b)復原

(c)再生　　　　　　　　　　　　　(d)反應

圖7-8　反應器中操縱溫度與濃度剖面的策略[12]

表7-3列出對流、復原與反應等代表性的吸熱反應製程。

一、對流

　　對流是最簡單的熱能交換與反應的整合方式，是將部分反應物在反應器或熱交換器前端抽取，然後在反應器後端注入，以控制溫度或改善產品的選擇性。以哈柏法合成氨氣的製程就是一個很好的例子。它是一個

表7-3　對流、復原與反應等代表性的吸熱反應製程

熱交換方式	乙基苯脫氫以產生苯乙烯	水蒸氣重組	氰化氫合成
	600℃	900℃	1200℃
對流	Badger/Mobil 絕熱製程		
復原	BASF 等溫製程	傳統	Degussa BMA
反應		自熱重組（燃料電池）	Andrussov 氨氧化製程

在200大氣壓與攝氏400度的高溫下進行的可逆放熱反應。氮氣與氫氣先經混和、壓縮後，進入合成塔內，再經加熱器後，與觸媒接觸以合成氨氣。由於反應為放熱反應，為了控制溫度，可將部分未加熱的反應物或惰性氣體在不同階段的絕熱觸媒床中注入。

在反應器中注入部分未加熱的支氣流時，可以避免平衡對於絕熱條件下的限制，但是冷卻會導致轉化率的降低。當冷卻線的斜率接近絕熱反應路徑時，冷卻的益處隨之降低。一個可能的替代方案為應用惰性氣體，但是此舉不僅淡化反應器內氣體的濃度，而且會造成下游處理的困難。

強化此類對流的方案為在絕熱反應階段間注入惰性液體，以液體的蒸發熱吸收與降低反應器的溫度。此方法不僅可以節省冷卻劑的使用量，也可降低淡化的影響。

二、復原

最著名的復原型反應器是應用於碳氫化合物部分氧化製程中結合的殼管式熱交換與反應的設計（**圖7-9**）。在此類設計中，觸媒裝置在管中，而冷卻劑則由殼側通過，每立方米體積的熱交換面積約100平方米，總熱交換係數約100Wm^{2}K[12]。

它的缺點除了製造成本高之外，由於觸媒管中的溫度分布不平均，呈拋物線形狀，在軸向與徑向都會產生熱點，導致熱傳效果不佳，而影響轉化率、產品選擇性、觸媒壽命與安全。

消除反應管內觸媒床的熱點，可以從調整熱能產生與移除的速率著手：

1.提高觸媒床的熱傳導。

2.降低反應速率：例如淡化反應物或觸媒的濃度。

3.增加熱傳面積，如德國林德等溫反應器（Linde isothermal reactor）。

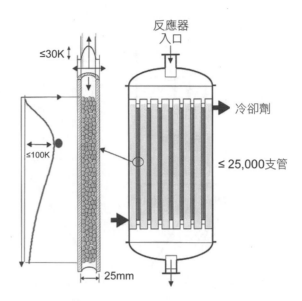

圖7-9　多管式反應器中溫度變化與熱點的形成圖[12]

4.增加熱傳係數，例如流體化床。

5.增加熱傳面積與熱傳係數，例如毫反應器（millireactor）與微反應
　器（microreactor）。

(一)燒結金屬反應器

　　由於金屬的熱傳導遠高於散裝的觸媒床，易於溫度的控制與熱能移
除，為增加觸媒床的熱傳導，可將觸媒直接燒結於反應管上（**圖7-9**）。

(二)觸媒淡化

　　避免觸媒床內產生熱點，可將反應管內易於產生過熱的地方減少觸
媒的數量或濃度，以平衡熱能的釋放與移除的差異。由**圖7-10**可知，當冷
卻劑以對流方式進入反應器中，且其溫度與反應管內的觸媒活性維持不變
時（對照組），在反應管的三分之一處，因熱能無法及時移除，產品的選
擇性會由0.8逐漸下降至0.74後，再緩緩上升。如果冷卻劑以順流方式進
入，或觸媒的活性以逐漸增加的方式安排時，則可將改善選擇性的下降斜

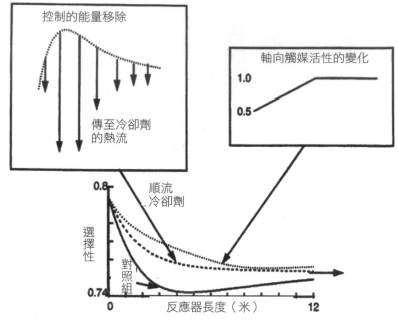

圖7-10　反應器內產品選擇性的變化[1]

率，而維持在0.76左右。

(三)林德等溫反應器

　　另外一種替代方案為增加氣體側的紊流程度，以提高總熱傳係數。
德國林德等溫反應器（**圖7-11**）即以此理念為基礎而設計的。在此反應器
中，觸媒顆粒是以固定床方式堆積在反應器中，高壓沸水則由螺旋狀的
彎曲管線中經過，總熱傳係數約150,100Wm^{2}K，比傳統管殼式反應器高
50%。其優點為體積小、轉化率與選擇性高，但製造成本高，而且最高溫
度僅限於550^{o}K。由於觸媒易在冷卻管間形成弓形結構，造成替換時的困
擾。

　　自1986年以來，此反應器成功地應用於甲醇合成、氫化、CLINSULF
硫磺回收、環氧乙烯合成、長鏈有機醇合成等十九個製程中，其中八個為
甲醇合成。

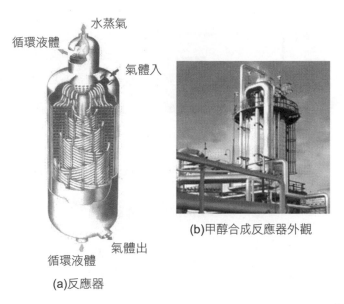

水蒸氣
循環液體
氣體入

(b)甲醇合成反應器外觀

氣體出
循環液體
(a)反應器

圖7-11　德國林德等溫反應器與甲醇合成反應器外觀[13]

(四)流體化床

　　流體化床不僅具有高熱傳效率（$600W/m^2K$）與低值傳阻力，而且易於再生或替換觸媒，極適合應用於高放熱或吸熱反應。其缺點為觸媒必須耐磨，而且不易放大。

三、再生

　　以固定床作為熱能儲存與再生的工具的再生式熱回收普遍存在於發電廠與煉鋼廠內，但甚少應用於化學反應器中。此觀念一直到二十世紀的末期，才由烏克蘭科學家瑪特羅斯博士（Yurii Sh. Matros）應用於反向流動反應器上。其特點是反應物的流動方向在一定的週期內以正反兩種方向進入盛裝觸媒填料的反應器中[14, 15]。

　　只要化學反應能釋放出足夠的熱量，這種週期性反向氣體流動可以維持觸媒床的溫度在設計的範圍內。觸媒床的溫度變化如**圖7-12(c)**所顯

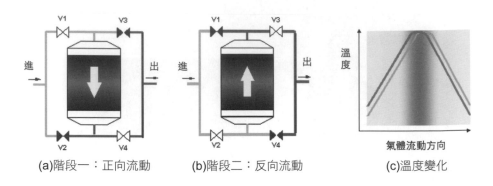

(a)階段一:正向流動　　(b)階段二:反向流動　　(c)溫度變化

圖7-12　反向流動反應器[14]

示,觸媒床的中心的溫度最高,氣體進入與逸出部分最低。熱流週期性地隨著氣體流動的方向移動,在兩個對稱的端點振盪。

反向流動反應器已廣泛應用於化工與空氣汙染防治製程上,例如:

1.二氧化硫的氧化。

2.汙染空氣淨化。

3.甲醇合成。

4.鄰二甲苯氧化,產生鄰苯二甲酐。

其優點為:

1.能源使用效率高。

2.反應器中無熱傳導介面。

3.反應器體積小。

4.比一般穩態操作的處理量大。

5.可在較稀薄的燃料濃度下操作。

缺點為:

1.不易控制反應器中的溫度。

2.需要能激發放熱與吸熱反應的多功能觸媒。

3.不適用於氣體與氣體間的反應與微反應器。

1993年，瑪特羅斯博士創立瑪特羅斯科技公司（Matros Technologies），以開發與推廣反向流動反應器相關技術。2008年，該公司所開發的技術獲得下列獎章：

1.半導體揮發性氣體防制觸媒獲得美國環保署清潔空氣卓越獎（Clean Air Excellence Award）。

2.與德州儀器公司合作，降低揮發性有機物、氮氧化物排放與燃料使用。德州環保局創新清潔空氣卓越夥伴獎。

四、反應

理論上將放熱反應A與吸熱反應B整合在一個反應器中，以A反應所釋放出的熱量作為B反應所需的熱量，不僅可以節省投資與操作成本，還可大幅降低能量消費；然而，實際上僅有少數成功的案例，如Lummus與UOP合作開發的SMART製程，能將吸熱的脫氫反應與氫氣燃燒反應整合在徑向流動反應器中。

圖7-13顯示一個整合吸熱的蒸氣重組與甲烷燃燒反應器的構造與反應管的溫度變化。由於很難同時控制兩個反應的速率，因此難以控制反應器內的溫度變化，導致反應進行不理想，產量與產品品質未能達到生產需求[17]。由於此反應器是以塗布觸媒的蜂巢式的陶瓷單層作為對流熱交換器的材質，操作溫度限於材質的張力，低於攝氏800度[16]。

7.4 反應與分離

反應分離係將化學反應與分離兩個製程單元結合為一個製程單元的技術，包括反應蒸餾（Reactive Distillation, RD）、反應吸附

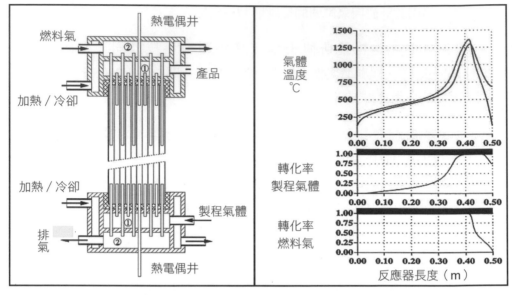

(a)反應器　　　　　　　　　(b)反應管內溫度變化

圖7-13　整合吸熱蒸氣重組與放熱的甲烷燃燒反應的反應器[16]

（Reactive Adsorption, RA）、反應吸收（Reactive Absorption, RA）、
反應結晶（Reactive Crystallization, RC）、反應色譜儀（reactive
Chromatography）、薄膜反應器（membrane reactors）等。

　　整合的優點為：

1.可迅速將生成物與反應物分離，可避免因平衡而造成速率的降低。

2.改善產率與選擇性。

3.整合後，設備數量縮減，大幅減少投資成本。

4.危害物質的容量降低。

5.製程簡化。

6.熱能管理改善與能源效率提升。

7.易於分離，免除共沸問題。

8.觸媒壽命延長。

本節僅介紹已經商業運轉的反應蒸餾、觸媒膜反應器等兩種技術。

7.4.1　反應蒸餾

一、發展歷史

反應蒸餾是將化學反應及蒸餾合併為一個製程單元中，因此兼具反應器與蒸餾塔功能。由於產品不斷地從反應物中分餾出來，轉化率遠高於傳統製程，最適合受限於化學平衡的酯化與酯類水解反應。此系統如**圖7-14**所顯示，由上而下可分為精餾、反應與氣提等三個區域。反應物先於在反應區中進行反應，再經由精餾與氣提區，將反應物與產品分離。

此構想早在1921年Beckhaus在開發醋酸甲酯製程時即已提出，但是當時並未受到重視，一直到1983年才由美國伊士曼化學公司（Eastman

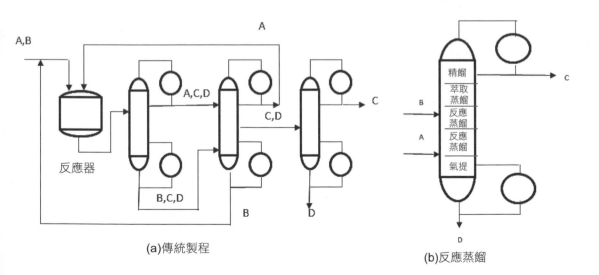

圖7-14　流程圖A+B→C+D

Chemical Company）工程師Agreda和Partun所實現[18]。伊士曼公司所開發的醋酸甲酯製程目前已被化工界公認為製程強化的典型範例，可以使用三個設備數目取代傳統製程所需的二十八個設備。蒸餾塔的直徑約4米，高達80米，每年可生產200,000公噸醋酸甲酯。

由於這個蒸餾塔具有化學反應、氣提、萃取、精餾、共沸分餾等五種功能，其建造成本與能源消費僅約傳統製程的五分之一。由於它的壓差低，效率很高，可將蒸餾塔的容量縮至五分之一，頗具商業應用潛力。**圖7-15**顯示反應蒸餾塔中功能的整合與排列。

反應蒸餾應可應用於分離兩個沸點相近的物質。由於兩者沸點相近，難以用蒸餾方法分離；然而，如果應用一個只會與其中之一反應的物質作為載體，以產生一個沸點相差極大的中間物質後，即可順利將惰性物質分離出來（**圖7-16**）。以正丁烯與異丁烯為例，兩者的沸點分別為攝氏3.7與-6.9度，相差僅10.6度。以甲醇為反應載體與兩者反應，異丁烯會與甲醇相作用而產生沸點為55.2度的甲基叔丁醚（MTBE）與沸點為102度的二異丁烯，而正丁烯不參與反應，可先被分餾出來，然後再分離甲基叔丁醚與二異丁烯，最後將甲基叔丁醚分解、分餾。

二、應用範圍

目前已應用反應性蒸餾技術所生產的產品包括：

1. 醚類，如甲基叔丁基醚、乙基叔丁基醚（ETBE）、甲基叔戊基醚（TAME）。
2. 醋酸甲酯（methyl acetate）。
3. 丁、戊、己二烯類的選擇性氫化。
4. 苯的烴化以產生乙基苯。
5. 異丙苯（cumene）等[19]。

具應用潛力與開發中的製程[20, 21]為：

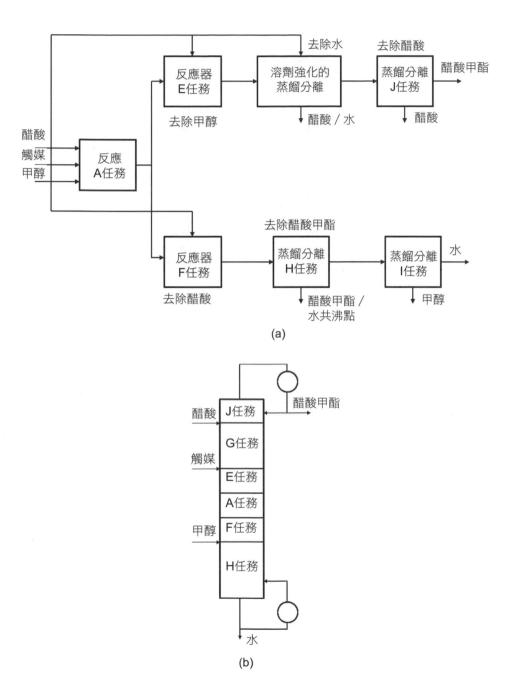

(a)

(b)

圖7-15　(a)醋酸甲酯製程的任務分析；(b)反應蒸餾塔內任務排列[19]

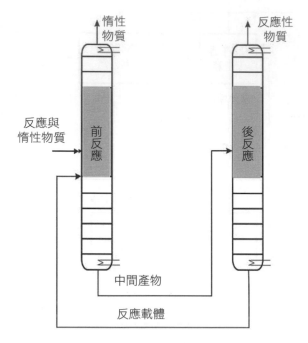

圖7-16　以反應蒸餾方式分離兩個沸點相近的物質[20]

1.醚類裂解以產生高純度烯類。

2.選擇性的烯類二聚合反應。

3.以正丁烯烴化正丁烷（汽油混和）。

4.氫異構化反應。

5.水解（異丁烯至叔丁醇）。

6.醇類脫水以產生醚類。

7.脫氫氧化反應。

8.羰基化（丙烷與合成氣作用，以產生正丁醇）。

9.C1化學反應。

三、優缺點

反應蒸餾具有下列幾個優點[22, 23]：

1.降低設備製造成本。

2.提升化學反應轉化率。

3.降低副反應的發生機率。

4.熱能整合：可充分利用反應所產生的熱，減少蒸氣使用量。

5.消除共沸現象，簡化分離程序。

反應蒸餾普及化與商業化的阻礙為：

1.設計複雜。

2.控制設計不僅複雜，且自由度低。

3.製程開發成本高。

4.試車與操作難度高。

四、觸媒蒸餾

由於工業化學反應多使用觸媒，將觸媒反應與蒸餾整合即稱為觸媒蒸餾（catalytic distillation）。觸媒顆粒小、脆弱，而且密集，蒸餾塔中上升的蒸氣與下降的液體難以順利通過，無法直接裝置在填料中。美國魯瑪斯技術公司（Lummas Technology）與化學研究授權公司（Chemical Research Licensing）所投資的觸媒蒸餾夥伴（CDTECH Partnership）先將觸媒裝入布袋中，再將觸媒袋連結成纖維袋後，最後以不鏽鋼製成的網支撐，以確保氣／液的流動，才可放置在盤板或填料裝置之中（圖7-17(a)、(b)）。盛裝觸媒的纖維袋必須使用是不會與反應物或產品作用的惰性纖維，例如棉、多元酯、尼龍與玻璃纖維等，其中以玻璃纖維用途最廣[4]。觸媒包可以直接放置在蒸餾塔中的盤板上，易於更換。雖然觸媒包普遍應用於反應蒸餾中，但是在有些案例中，由於觸媒包的裝置，蒸餾

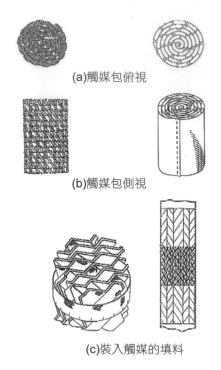

(a)觸媒包俯視

(b)觸媒包側視

(c)裝入觸媒的填料

圖7-17　觸媒裝置

塔中的填料或盤板無法達到預期的分餾績效。

　　另外一種是瑞士蘇爾壽化學技術公司（Sulzer Chemtech）與以生產質傳設備聞名的科氏─格利奇公司（Koch-Glitsch）所開發的觸媒結構填料。此技術是將觸媒顆粒夾置在波紋狀的金屬網之間（**圖7-17(c)**）。近年來，一些傳統蒸餾塔的填料裝置也重新設計，將觸媒塗布於表面或裝置在填料空隙中。例如日本長岡國際公司（Nagaoka International Corp.）所開發的由束狀細網所組成Super X-Pack（**圖4-7**）。

　　觸媒蒸餾夥伴（CDTECH Partnership）與瑞士蘇爾壽化學技術公司是最主要的技術供應廠商。至2006年止，CDTECH所轉移的製程高達200個，其中商業運轉約150座，每座年產量介於100～3,000公噸之間。CDTECH擁有十座以上由1～5英寸直徑、30～50英寸高的實驗裝置，可

以快速取得設計所需的參數。

　　蘇爾壽化學技術公司也有原型單元，可供測試與製程放大的研究。可提供醋酸酯類、甲醛與脂肪酸酯的合成製程，但該公司從未公布任何營業數據[24]。

五、設計

　　反應蒸餾製程設計可應用製程設計中心（Process Design Center, PDC）所開發的電腦軟體程式SYNTHESISER。此程式應用啟發式的設計方法（heuristic approach），可依據有限的資訊和假說，以得到系統的結論，可在短時間內找到解決問題的方案。它具有下列功能[24]：

1.將質性資訊轉化為計量資訊。
2.由類比過程預測所缺失的參數。
3.在探討初期即可剔除不適當的程序。
4.產生可行的輸入數據，以縮短數值計算的時間。

　　美國殼牌石油公司的哈姆笙氏（G. J. Harmsen）曾經發展出十五項導引，可協助工程師快速地評估反應蒸餾的可行性，其中以下列情況最為重要[24]：

1.反應所釋放的熱量大，必須冷卻。
2.會發生連串式反應，產生沸點較低的化合物。
3.反應物或產品會形成共沸混合物。

有關反應蒸餾的設計與最適化，請參閱下列文獻：

1.Sundmacher, K., Kienle, A. (2003). *Reactive Distillation: Status and Future Direction*.Wiley, New York.
2.Schembecker, G., Tlatlik, S. (2003). Process synthesis for reactive separations. *Chem. Eng. & Proc., 42*,179-189.

7.4.2 觸媒膜反應器

一、簡介

觸媒膜反應器（catalytic membrane reactor）是內部具有一個由多孔隙材料所製成的圓柱膜的柱塞流式反應器，由於膜上塗布了觸媒，兼具催化化學反應與分離的功能。由於膜的表面上有一定大小的孔隙，只能允許特定體積的反應物進入或生成物擴散出去。觸媒膜具有催化下列化學反應的功能：

$$A = B + C$$

當A與B的混合物進入反應器，B與C產生後，由於膜僅能允B物質穿透，B可經由膜穿透出去，不僅可以有效分離B與C，而且依據勒沙特列定律，反應會不斷地向右方進行，導致C產率的提高[25]。

圖7-18顯示不同二氧化鈦濃度的二氧化鈦／聚碸（polysulfone）膜的掃瞄電子顯微鏡下的影像，濃度愈大，表面顆粒數量愈多。

(a)0%TiO$_2$ (b)5.3%TiO$_2$ (c)7.3%TiO$_2$

圖7-18　掃描式電子顯微鏡下，TiO$_2$/Polysulfone光觸媒膜的影像 [13]

二、應用案例

目前，膜反應器已成功地應用於甲醇的脫氫、丁烷的氧化脫氫、二氧化碳氫化、烷類氧化、甲、乙烷部分氧化以產生合成氣、甲醇的部分氧化、一氧化碳的選擇性氧化、苯與酚的氧化、液態異丁烯的寡聚合、醋酸與乙醇的酯化與丙烯的複分解以產生乙烯與2-丁烯等[26]。

廢水中的4-硝基酚（4-nitrophenol）汙染物在太陽光下，可被由二氧化鈦／聚碸膜所組成的光觸媒反應器轉化為二氧化碳、硝酸等無機物質[27]。以溶膠凝膠（sol-gel）與相態反轉程序將二氧化鈦奈米顆粒與聚碸所製成的超濾膜[28]，在太陽光下，可以有效地將廢水中六價鉻還原成三價鉻[27]。

$$2C_6H_5NO_2 + 15O_2 \rightarrow 12CO_2 + 2HNO_3 + 4H_2O$$

沸石膜反應器（ZMR）可以改善異丁烯寡聚合反應的產品選擇性，提升異辛烯的產率。如圖7-19所顯示，異丁烯在傳統的固定床反應器（FBR）中的轉化率較在沸石膜的轉化率高，但異辛烯的產率卻相對較低[29]。

由於膜可及時將產生的氫氣移除，因此應用MFI-型（ZSM5）沸石膜可以增加丁烷脫氫的轉化率[29]。

插入通過接觸器式薄膜（Plug-through Contactor Membrane, PCM）已成功的應用於以合成氣（一氧化碳和氫氣的混合氣體）為原料在催化劑和適當條件下合成液態碳氫化合物的費托合成（Fischer-Tropsch synthesis）。PCM是由在氫氣中還原與燒結的由觸媒、孔隙產生劑與增強劑所組成的混合物。如圖7-20所顯示，它具有三種孔隙結構，最大孔徑約2～3毫米，可允許合成氣通過，較小孔徑則充滿了液體產品，最小孔徑在觸媒內部，氣體分子以擴散方式通過。由於它的穿透度高

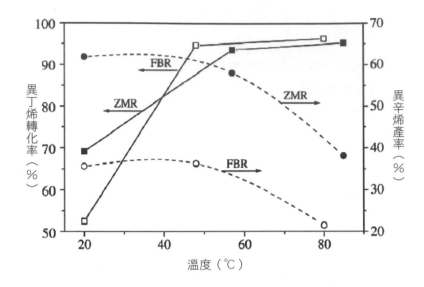

圖7-19　沸石膜反應器可以改善異丁烯寡聚合反應的產品選擇性[29]

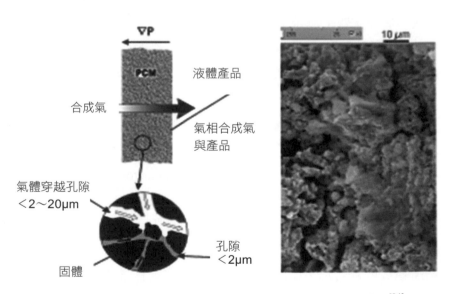

圖7-20　插入通過接觸器式薄膜（PCM）電子顯微鏡圖[31]

（>20mDarcy）、導熱佳（>4W(mK)$^{-1}$）與機械強度高，不僅溫度分布均勻、壓差低，而且還可承受20kg/cm^{2}的壓力；因此產率較傳統的填料床高。在100kpa壓力與210℃溫度下，每小時每立方米可產生60～70公斤的碳氫化合物，當壓力增至600kpa時，產量高達100公斤。它對價值較高的重質油（C5+）與烯類選擇性高，五碳以上的重質油含量高達90%，丙烯對丙烷比例高達6～10；因此，產品經濟價值高[30]。然而，目前仍在實驗室階段，尚未達到工業生產規模。已商業化的觸媒膜反應器的案例如表7-4所顯示。

三、優缺點

觸媒膜反應器的優點為：

1. 觸媒的保留與回收。
2. 選擇性去除部分生成物。
3. 選擇性供應反應物的功能。
4. 可提供兩個不相溶的相態中的反應物的接觸介面，以利於化學反應的發生。
5. 整合製程，降低投資成本。
6. 較反應蒸餾相比，可在較低的溫度下操作，適於熱敏感的物質或揮

表7-4　觸媒膜反應器的商業應用案例[26]

公司	分離技術	應用	材料
德固薩Degussa	超過濾 Ultra-filtration	L-胺基酸	醯基化酶acylase
空氣產品公司Air Products	離子傳導 Ion-conduction	合成氣離子傳導膜	與鈣鈦礦相關的高密度陶瓷材料
阿克蘇諾貝爾AkzoNobel	微過濾 Micro-filtration	聚縮合作用	在二氧化鋁擔體上的微孔非晶體二氧化矽、聚乙烯醇、納菲（Nafin）

發性物質反應與合成。

7. 在特殊況下，放熱反應所產生的熱能可應用於膜的另一側面的吸熱反應所需的熱能，例如氫化與脫氫反應。

8. 當形成物由膜分離出來後，可直接進入下游製程單元。

缺點為：

1. 價格昂貴。

2. 膜使用壽命短。

3. 製程複雜度高，難以預測製程放大後的績效。

7.5 結語

　　將化學反應與混和、熱交換等單元整合在一個多功能的反應器中，可以大幅促進反應物分子之間的交互作用與熱能的吸收或釋放，進而提高產品的轉化率、反應速率與降低副產品產量與所可能引發的風險。將反應與分離設備整合，可以大幅減少設備數量與設備中危害性物質的容量，自然也會增加系統的安全程度。值得注意的是：製程單元與功能的整合固然可以減少設備數量與得到協同效應的成果，但是相對的也增加操作與控制的複雜度。當工程師在進行製程單元整合時，除了考量成本效益外，還必須思考操作的複雜度所可能帶來的後果與風險。換句話說，任何本質較安全的改善僅可能針對某些特定的效益或危害，但也可能增加其他方面的成本與危害。

參考文獻

1.Dautzenberg, F. M., Mukherjee, M. (2001). Process intensification using multifunctional reactors. *Chem. Eng. Sci., 56*, 252-267.

2.Roby, K., Kingsley, J. P. (1996). Oxidize safety with oxygen. *Chemtech., Vol. 26*, No. 2, 39.

3.Kingsley, J. P., Roby, K. (1996). US Patent 5 523 47, June 7.

4.Mills, P. L., Chaudhari, R. V. (1999). Reaction engineering of emerging oxidation process. *Catalysis Today, 48*, 17-29.

5.Moeller, K. P., & O'Connor, C. T. (1996). Gas-solid mass transfer in a jet-loop reactor. *A.I.Ch.E. Journal, 42*, 1187, 1190.

6.Cramers, P. H. M. R. (1992). Influence of the gas density on the gas entrainment rate and gas holdup in loop-venturi reactor. *Chem. Eng. Sci., 47*, 9-11, 2551-2256.

7.Stefanidis, G. (2014). Process intensification, course notes, chapter 7, Synergy I, Delft University of Technology, Delft The Netherlands.

8.De Bruijn, E. W., De Jong, W. A., and van der Spiegel, C. J. (1978). Methanation in a parallel passage reactor, ACS Symposium, *Chemical Reaction Engineering-Houston*, Chapter 6, pp. 63-71.

9.Calis, H. P. A., Nijenhuis, J., Paikert, B. C., Bautzenberg, F. M., van den Blee, C. M. (2001). CFD modelling and experimental validation of pressure drop and low profile in a novel structured catalytic reactor packing. *Chemical Engineering Science, 56*, 1713-1720.

10.Edvinsson Albers, R. K., Houterman, M. J. J., Vergunst, T., Grolman, E., Moulijn, J. A. (1998). Novel monolithic stirrer reactor. *A.I.Ch.E. Journal, 44*(11), 2459-2464.

11.de Lathouder, K. M., Marques Flo', T., Kapteijn, F., Moulijn, J. A. (2005). Performance of the monolithic stirrer reactor: Applicability in multi-phase processes. *Catalysis Today, 105*, 443-447.

12.Agar, D. W. (2004). Multifunctional reactors: Integration of reaction and heat transfer. In *Re-Engineering the Chemical Processing Plant*. Marcel Dekker.

13.Linde (2014). Linde isothermal reactor. Linde Engineering, Pullach, Germany. http://www.linde-engineering.com/en/process_plants/hydrogen_and_synthesis_gas_plants/

gas_generation/isothermal_reactor/index.html.

14. Matrostech (2014). Reverse flow technology review. http://www.matrostech.com/rfr.html

15. Matros, Y. S. (1989). *Catalytic Processes under Unsteady State Conditions*. Elsevier, Amsterdam-Oxford-New York.

16. Frauhammer, J., Eigenberger, G., Hippel, L. V., Arntz, D. (1999). A new reactor concept for endothermic high-temperature reactions. *Chem. Eng. Sci., 54*, 2661-3670.

17. Kolios, G., Frauhammer, J., Eigenberger, G. (2000). Autothermal fixed bed reactor concepts. *Chem. Eng. Sci., 55*, 5945-5967.

18. Agreda, V. H., Partin. L. R., Heise, W. H. (1990). High-purity methyl acetate via reactive distillation, *Chemical Engineering Progress, 86*(2), 40-46.

19. Siirola, J. J. (1995). An industrial perspective on the process synthesis. *American Institute of Chemical Engineers, Symposium Series no.91*(304), 222-233.

20. Stankiewicz, A. (2004). Reactive and hybrid separations: Incentives, applications, barriers. In *Re-Engineering the Chemical Process Plant*, Chapter 8, Marcel Dekker.

21. Stankiewicz, A. (2003). Reactive separations for process intensification: An industrial perspective. *Chemical Engineering and Processing, 42*, 137-144.

22. 洪士博（2006）。《一階段與二階段反應蒸餾系統設計與控制》。國立台灣科技大學化工系博士論文。

23. 洪士博（2007）。〈綠色製程趨勢——功能與熱能整合之蒸餾技術〉。

24. Harmsen, G. J. (2007). Reactive distillation: The front-runner of industrial process intensification. *Chem. Eng. Proc., 46*, 774-780.

25. Fogler, H. Scott (2005). *Elements of Chemical Reaction Engineering*, 4rd Ed. Prentice-Hall, Upper Saddle River, NJ.

26. Mclear, E. E., Jansen, J. C., Kapteijn, F. (2006). Zeolite based films, membranes and membranes reactors: Progress and prospects. *Microporous and Mesoporous Materials, 90*, 198-220.

27. Molinari et al. (2002). *Journal of Membrane Science, 206*, 399-415.

28. Yang, Y., Wang, P. (2006). Preparation and characterizations of a new PS/TiO_2 hybrid membranes by sol-gel process. *Polymer, 47*, 2683-2688.

29. Piera, E., Téllez, C., Coronas, J., Menéndez, M., Santamaría, J. (2001). Use of Zeolite membrane reactors for selectivity enhancement: Application to the liquid-phase

oligomerization of i-butene. *Catal. Today, 67*(1-3), 127-138.

30.van Dyk, L., Miachon, S., Lorenzen, L., Torres, M., Fiaty, K. (2003). Comparison of microporous MFI and dense Pd Membrane performances in an extractor-type CMR. *Catal. Today, 82*, 167-177.

CHAPTER 8

取代

8.1 前言

　　取代是以危害性較低的物質或製程，以代替高危害物質或製程。雖然它不是一個創新的觀念，但是它確實可以提升系統的本質安全。從文明發展的歷史可知，人類不斷地創新，同時也不斷地從經驗中獲取教訓，嘗試應用較為安全的手段、方法與物質，以降低風險。美國西部電影中，牛仔所使用的以黃磷為原料所製成的摩擦火柴雖然便利，只須摩擦即可點燃，但是危險性高，易於失火。早在一百多年前就被以赤磷所製成的安全火柴所取代。

　　石棉是天然的纖維結晶，由於蘊藏量豐富，纖維質柔軟，具有絕緣、絕熱、隔音、耐高溫、耐酸鹼、耐腐蝕和耐磨等特性，再加上價格便宜，曾經普遍應用於建築、電器、汽車、家庭用品的絕熱、耐火材料中。1970年代發現，員工吸入了細小的石棉纖維不僅會導致肺部纖維化，還會引發支氣管炎與肺癌。自1990年代起，歐美先進國家已逐步禁止使用，我國環保署也已依據「毒性化學物質管理法」，公告石棉的逐步退場機制。

8.2 取代策略

取代危害的策略可分為下列五個層次[1]：

1. 以低危害性物質取代高危害性物質：(1)以水溶性塗料取代油溶性塗料；(2)應用植物油脂清洗印刷機，以取代有機溶劑。
2. 應用新製程：以高壓鹼性溶液去除金屬加工設備的油汙，取代三氯乙烯。
3. 應用新方法：(1)磨除金屬設備的塗料時，在密閉系統應用鋼砂磨

除，以取代有機溶劑的清洗；(2)以機械方式固定或連接零組件，以取代黏合劑。

4.避免應用危害性物質：(1)避免在木製家具表面塗布油性漆料；(2)電鍍時避免應用鎳金屬。

5.避免生產含有危害性物質或以高危害製程所製造的產品。

8.3 以低危害性物質取代高危害性物質

生產製程中使用的熱媒介質、溶劑、觸媒、吸收／吸附劑、清洗劑，不僅數量龐大，而且不乏易燃性、反應性與毒性物質。從製程安全的觀點而論，應該盡可能減少這些高危害性物質的使用量，或以較安全物質取代。取代策略為：

1.應用綠色溶劑。

2.應用水溶性塗料與漆料。

3.應用水溶性農業副產品。

8.3.1　應用綠色溶劑

綠色溶劑（green solvent）泛指對環境友善或是由農作物為原料所轉化的生物溶劑，例如超臨界流體、乳酸乙酯、離子液體等。

一、超臨界流體

(一)簡介

臨界點（critical point）是指一個物質以液態存在的最高溫度，或是以氣態存在的最高壓力。當物質的溫度或壓力超過此臨界點後，會形成一種兼具液體與氣體特性的流體——超臨界流體（Supercritical Fluid, SCF）

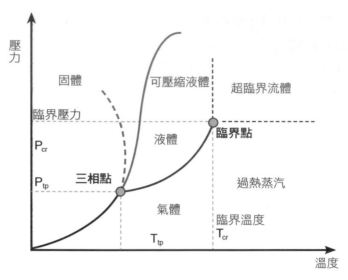

圖8-1　物質相態圖

（圖8-1）。換句話說，超臨界流體是指那些處於高於臨界溫度與壓力的流體。

　　這種流體不僅具有氣體的低黏度、高擴散係數與液體的高密度，而且對於許多物質有很強的溶解力。自1970年代起，即被應用於萃取、噴漆、分解、化學反應、染色、乾洗與奈米顆粒形成等工業用途上。

　　二氧化碳的臨界溫度低，僅31度，臨界壓力適中（7.38MPa），易於達到臨界狀態。它不僅具有化性穩定、無毒、安全與價格低廉等優點，且在超臨界狀態對非極性與低極性物質的溶解度高，是最普遍應用的超臨界流體。其他物質如氫氣與水也有其特定應用範圍。

(二)應用範圍

◆清洗

　　二氧化碳在超臨界狀態下的表面張力低，易於滲透奈米孔徑的孔洞與細縫中，可將隱藏的油性汙垢溶解後帶出，適用於精密、微小、有微細

孔洞、幾何形狀複雜的零組件的清洗。由於二氧化碳在常溫常壓下為氣態，清洗完畢後只須釋壓，即可將二氧化碳排出。

◆萃取

超臨界狀態下的二氧化碳可代替水或有機溶劑，作為由固體或液體混合物中萃取物質時所使用的溶劑或介質；例如，在高壓下，可將油脂萃取出來，而添加甲醇或乙醇等助溶劑，則可萃取磷脂質（phospholipids）。它不僅可在略高於室溫的條件下進行萃取，而且可將萃取、分離、溶劑去除等，程序整合在一個如**圖8-2**所顯示萃取系統中，大幅簡化操作流程與提高生產效率。由於萃取速度快、選擇性佳、沒有汙染物、殘留與排放等，且不會破壞或降低高熱敏感或不穩定性的成分；因此，無論從生產效率、萃取物品質與安全程度而言，遠較傳統的溶劑萃取效果佳。早在1970年代，日本食用油業有鑑於傳統植物油萃取溶劑如正己烷等有機物的閃火點低，易於造成火災與爆炸意外，即使用超臨界狀態的二氧化碳，取代正己烷[8]。

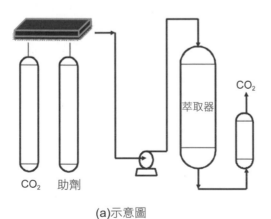

(a)示意圖   (b)實驗室規模

圖8-2　超臨界萃取系統

超臨界萃取的主要缺點為設備價格高，而且無法應用於極性化合物，適用於由植物或動物中萃取較高價值的香料、食品、魚油、天然物中藥物成分等。超臨界二氧化碳也成功地應用於有害廢棄物處理、重金屬、鈾與切削油回收上。美國環保署已將超臨界二氧化碳萃取列為石油、芳香族與多氯聯苯標準萃取的標準方法（EPA Method 3560, 3561, 3562）。

◆殺菌

二氧化碳氣體在超臨界狀態下，可以滲透進入細菌的細胞壁內，與水結合成碳酸，可阻止細菌的新陳代謝。應用超臨界二氧化碳清洗衛星或登月小艇等元件，可確保完全消毒，不會將細菌或生物帶到外太空。其他不耐高溫的材料與內視鏡、心律調整器、血液透析管、導尿管、人體植入物等醫藥用器材皆可應用此方法，以達到殺菌與清洗的功效。

◆噴漆

塗料中使用的揮發性有機溶劑如己烷、苯、甲苯等，由於閃火點低，易於引火爆炸。有些溶劑可能具致癌或妨害生育等毒性，不僅危害施工人員的健康，而且汙染環境。應用超臨界二氧化碳以取代傳統的溶劑可大幅提高工作場所的安全與員工健康，並降低對環境生態的衝擊。

UNICARB®是美國聯碳公司（已與陶氏Dow公司合併）於1980年代所開發的超臨界二氧化碳噴漆系統（**圖8-3**），已普遍應用於金屬表面的塗布。此技術具有下列優點：

1.大幅降低揮發性有機物與危害物質的排放量。
2.降低塗布廢棄物與清洗劑。
3.降低員工暴露量。

缺點為：

1.塗料必須重新配製。

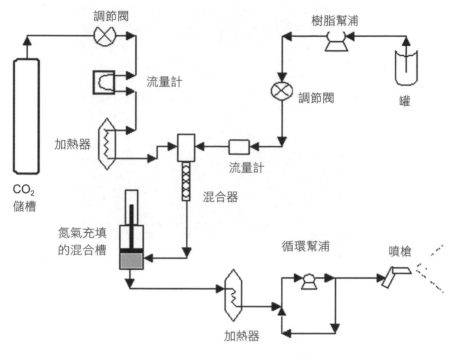

圖8-3　UNICARB噴漆系統[9]

2.設備必須替換。

3.施工人員必須重新訓練。

4.保養與清洗時間增加。

設備投資約40,000～90,000美元，操作成本不到傳統溶劑噴漆的一半，僅需八個月就可回收設備投資[9]。

◆染色

先將染料溶解於超臨界狀態下的二氧化碳流體後，再將纖維浸入**圖8-4**染整設備中，以達到染色的目的。與傳統以水為溶劑的染色方法相比，此方法具有下列優點[10]：

圖8-4　Hisaka公司所製造的超臨界流體染色設備[10]

1.節省43%能源消費。

2.不須使用水、分散劑、勻染劑（level dyeing agent）或助劑。

3.不產生廢水。

4.96%二氧化碳可回收。

5.對環境友善。

其缺點為壓力必須高達30百萬帕斯卡（30MPa）。

◆反應

在高溫條件下，超臨界狀態下的二氧化碳可以直接參與反應：

1.經過觸媒作用與氫氣化合產生一氧化碳、甲烷、甲醇與甲醛等[14]。

2.與環氧乙烷可產生聚醚碳酸酯（poly (ether carbonate)）[16, 17]，以取代光氣。

3.與苯乙烯化氧在溴化鋅與n-Bu4NI催化作用下，可產生苯乙烯碳酸酯（圖8-5），轉化率高達100%[18]。

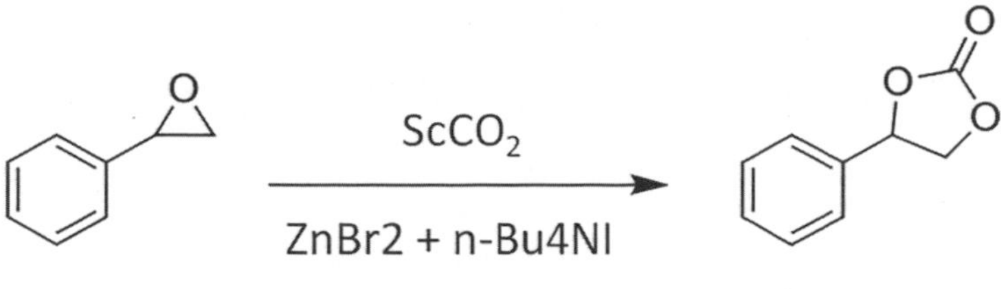

圖8-5　超臨界二氧化碳與苯乙烯化氧反應[14]

4.與氫氣將甲醇、氨氣與胺類作用，產生甲酸甲酯與甲醯胺衍生物
[14]。

　　超臨界狀態下的二氧化碳亦可作為有機化學反應的溶劑或介質。由
於它可增加氫氣、氧氣等氣體的混和度與降低相態間的傳輸限制，因此
可以提升氫化、羰氧合成、氧化、烷化與酯化等反應觸媒的活性與選擇
性：

1.氫化反應：模式如**圖8-6**所顯示，其他如四氫化萘（tetralin）、舍
　曲林（sertraline）、烴基酚、呋喃甲醛（furfural）、植物油、脂肪

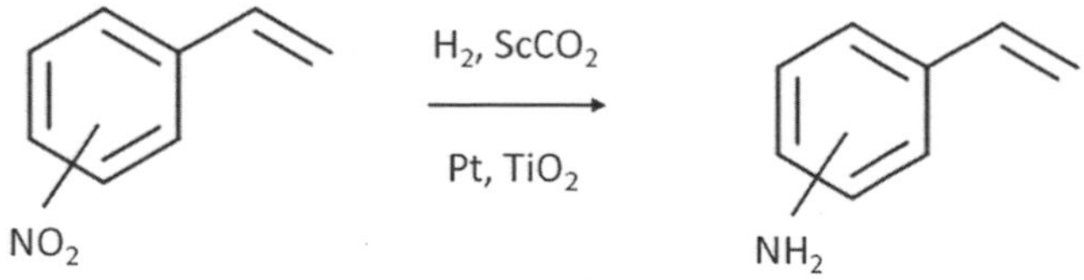

(a)硝基苯乙烯氫化

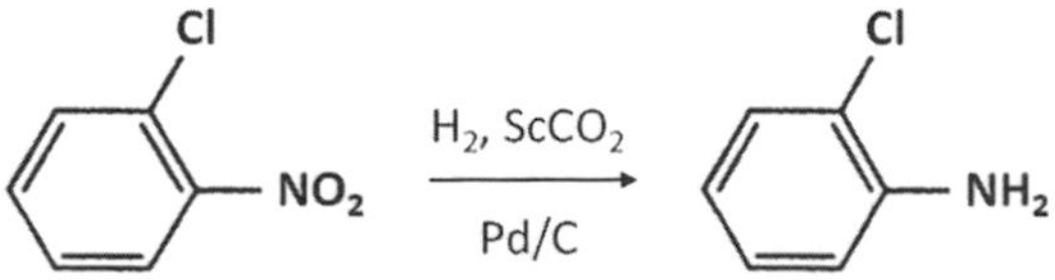

(b)鄰位氯基硝基苯乙烯氫化

圖8-6　以超臨界二氧化碳為溶劑的氫化反應[14]

酸、蒎烯（pinene）、環己烯、氯硝基苯乙烯、硝基苯乙烯、異佛
爾酮（isophorone）、聯苯、酚、甲苯酚等[14]。

2.羰氧合成反應模式如圖8-7所顯示。

$$R = \xrightarrow[\text{觸媒}]{CO_2,\ H_2,\ ScCO_2} RCHO$$

圖8-7　以超臨界二氧化碳為溶劑的羰氧合成反應

3.氧化反應：由於在超臨界狀態下，氧氣可以完全與二氧化碳混和，
　而且二氧化碳不會與氧氣反應，因此可避免在有機溶劑下氧化所產
　生的副產品。代表性反應模式如圖8-8所顯示。

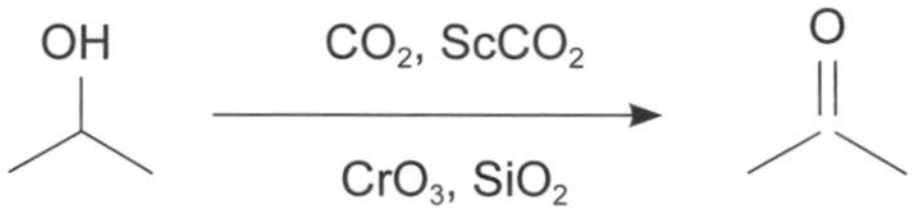

圖8-8　以超臨界二氧化碳為溶劑的異丙醇氧化反應

二、乳酸乙酯

　　乳酸乙酯（ethyl lactate）是以玉米為原料所合成的乳酸的酯化物，無
腐蝕性與致癌風險，不會減少大氣中的臭氧，且可在自然界完全分解，遠
比甲苯、二甲苯、丙酮、N-甲基吡咯烷酮（NMP）等石化溶劑安全。由
於它具有高溶解能力、高沸點、低蒸氣壓與低表面張力，適於作為木、聚
苯乙烯與金屬塗料的溶劑與有效的去漆劑。由於它可溶解聚氨酯樹脂，可
取代鹵化有機物，作為聚氨產業的清潔劑。

三、離子液體溶劑

(一)簡介

離子液體（Ionic Liquids, IL）是由陰離子及陽離子所組成的、熔點低於攝氏100度的液體狀態下的有機鹽類。由於它們熔點及蒸氣壓低、極性及導電度高、化學特性穩定，可耐高溫與酸性腐蝕，也不會引火燃燒等特殊性質，可在常壓下作為化學反應的溶劑，不僅可回收利用，以降低操作成本，且可消除揮發性有機物質對環境的汙染與員工的暴露風險；因此，已被認為是一種綠色溶劑[12, 13]。

早在1888年，S. Gabriel與J. Weiner就發現熔點52～55度的硝酸乙醇胺（ethanolammonium nitrate）。1914年，Walden首先合成了第一個室溫下的離子液體——硝酸乙胺（ethylammonium nitrate，熔點12度）[13]；然而，一直等到1970年代，Osteryong與Willkers成功的合成氯化鋁酸熔鹽（chloroaluminate melts）後，才開始應用於電化學、反應介質催化劑。1992年，Wilkes等人發展出一系列在空氣與水中穩定的咪唑（imidazolium）陽離子與一價的四氟化硼（BF_4^-）、六四氟化磷（PF_6^-）等陰離子組成的離子液體後，咪唑鹽類成為主流。

陽離子有下列五類：

1. 烷基取代的咪唑陽離子，包括N,N-二烷基取代$[RR'Im]^+$離子與2或4位被取代的$[RR'R''Im]^+$離子。
2. 烷基取代的吡啶陽離子$[RPy]^+$。
3. 烷基季銨陽離子$[NR_xH_{4-x}]^+$。
4. 烷基季鏻陽離子$[PR_xH_{4-x}]^+$。
5. 烷基銃陽離子。

其中，以烷基取代的咪唑陽離子和烷基取代的吡啶陽離子研究最為普遍。

陰離子包括對水極其敏感的氯鋁酸根離子（$AlCl_4^-$）與在水和空氣中性質穩定的BF_4^-、PF_6^-、CF_3COO^-、$CF_3SO_3^-$與SbF_6^-等。

深共熔溶劑（Deep Eutectic Solvent, DES）是在特定混和比例下，將有機鹵素鹽類或四級氨鹽〔如氨基化合物（Amides）、胺類（Amines）、羧基酸（Carboxylic Acids）及醇類（Alcohols）等〕與可提供氫鍵的錯合物混和，經氫鍵作用所形成。由於合成簡易、原物料便宜與環保友善等，也逐漸受到重視。

(二)物理特性

離子液體的物理特性[13]為：

1. 親水性：取決於陰離子的結構與陽離子碳鏈長短，碳鏈愈長，親水性愈差。
2. 酸鹼性：可調節陰離子結構以調控溶劑的酸鹼度。
3. 熔點：晶體堆疊結構與陽離子的對稱性有關，對稱性愈低，熔點愈低，此外，分子間的氫鍵愈多，熔點愈高。
4. 黏度：黏度與氫鍵數量及凡得瓦力（Van der waals force）大小有關，陽離子的碳鏈愈長，氫鍵愈多，凡得瓦力愈強，黏度愈高。
5. 密度：比重介於$1 \sim 1.6$之間。

(三)應用範圍

◆有機合成

離子液體可取代傳統有機溶劑溶解，以作為化學反應的溶劑或介質，不僅可降低揮發性有機物質的排放，有時還可提高選擇性與產率[14]。

◆觸媒反應

離子液體可作為觸媒助劑，以提升觸媒的活性、選擇性與穩定性。例如佛瑞德—克來福特烷基化（Friedel Crafts alkylation）、氫化、氫

甲醯化、烯類偶合、赫克（Heck reaction）、觸媒氧化與烴氧基羰基化
（alkoxycarbonylation）等反應。

親水性的離子液體[C_4MIM][BF_4]不但可溶解有機反應物與生成物，而
且可溶解酵素，可提升酵素的活性與穩定度。

◆雷射脫附基質

具溶解寡醣、蛋白質與高分子等生質物樣品能力，可將所吸收的
雷射能量移轉至分析物中，除了可增強基質輔助雷射脫附的離子化效果
外，還可解決再現性問題。

◆萃取

疏水性的離子液體可萃取水中金屬離子與染料。

◆電化學應用

可取代傳統的電解液，以改善電化學過程中溶劑的偵測限制。

◆其他

離子液體可溶解纖維素、作為溶膠—凝膠的溶劑與潤滑劑等。

8.3.2　應用綠色塗料

綠色塗料泛指具低環境汙染、節能、對人體危害低的水性、粉末、
高固體含量（或稱無溶劑塗料）與輻射固化塗料等。半個世紀前，幾乎所
有的塗料都是以有機溶劑為基礎的油性塗料。1970年代中期的能源危機
發生後，溶劑價格隨石油價格不斷地高漲，再加上環保意識高漲，導致揮
發性有機物質排放法規日益嚴格，刺激了水溶性等綠色塗料的發展、推廣
與應用[2]。

綠色塗料可分為水性塗料、固體含量高的溶劑型塗料、粉末塗料
（powder coatings）等。2013年，全球需求量為642億美元，每年以5.9%

成長，預計2018年將達850億美元。

一、水溶性塗料與漆料

水溶性有機化合物的價格遠較油性塗料低，具有環保、安全、簡便、節能等優點，已逐漸取代油性塗料。目前，80%以上的家庭與辦公場所中所使用的塗料皆為水性。它包括水溶性塗料、水稀釋性塗料、水分散性塗料（或稱乳膠塗料）等三類。水溶性塗料是以水溶性樹脂為成膜物，以聚乙烯醇及其他改性物為代表，除此之外還有水溶醇酸樹脂、水溶環氧樹脂及無機高分子水性樹脂等。水溶性塗料是以水溶性合成樹脂為主要成膜物質，它以水為稀釋劑，加入適量的顏料、填料及輔助材料等，再經研磨而成的一種塗料。它可分為水可溶型與水分散型兩大類。

依據環保署所公告的適用環保標章產品項目及其需之規格，「水性塗料」的規格標準[4]為：

1. 產品不得含甲醛、鹵性溶劑以及芳香族碳化氫。
2. 產品不得含有汞、汞化物或混有含鉛、鎘、鉻（+6）以及以上三種重金屬氧化物的顏料。
3. 產品之閃火點（flash point）須不低於61℃。
4. 如果產品為噴霧罐裝之塗料，該產品不得含有任何氟氯碳化合物。
5. 產品中不得超過每公升（不包括水分）100公克的揮發性有機化合物含量。
6. 標章使用者的名稱及住址須清楚記載於產品或包裝上。標章使用者若非製造者，製造者的名稱及住址須一併記載於產品或包裝上。
7. 產品或包裝上須標示「低汙染塗料」。

水溶性塗料的優點[5]為：

1. 對於大氣汙染的公害性低。
2. 以水為溶劑，節省資源。

3.安全：不含可燃物質，不會發生火災。

4.對人體與環境危害低：不含揮發性有機物質。

5.易於塗布與應用。

其缺點為：

1.塗膜性能如耐水性、耐鹼性等較差。

2.由於會導致垂流、沸騰或反彈等問題，塗布作業難度較高。

3.水會導電，因此在靜電塗布時，必須完全絕緣。

4.不易在低溫或濕度高的環境下作業。

5.必須處理清洗所產生的廢水。

二、高固體含量溶劑型塗料

此類塗料是1980年代初期，美國由塗料製造廠商為因應日益嚴格的VOC排放的環保法規所開發的塗料，其固體含量高達65～85%，約為一般塗料的兩倍。生產者添加一些如丙酮類的不在管制中的稀釋劑，以降低塗料的黏度。它的優點是可在既有的生產模式與技術的前提下生產。然而，由於丙酮亦具揮發性，易於造成火災和爆炸。

三、粉末塗料

粉末塗料不以液體溶劑作為載體，它是以靜電方式塗布於固體表面上，再以熱能烘烤，促使粉末熔化後流動，以形成薄膜。它主要應用於金屬製品的表面，例如家電、資訊、汽車及自行車的鋁製或金屬零件上。自2010年起，粉末塗料每年以6%成長，2015年全球消費量高達75億美金左右。

粉末塗料可分為熱固性（thermosets）與熱塑性（thermoplastics）兩種。熱固性塗料中含有互聯物質，當塗料受熱後，會與其他化合物形成高分子物質。熱塑性塗料受熱後僅會改變其流動性，但不會改變特性的物

質。常用的高分子物質為聚酯（polyester）、聚氨酯（polyurethane）、環氧樹脂（epoxy）與聚甲基丙烯酸甲酯（acrylics）[6]。

粉末塗料的缺點為烘烤溫度較一般塗料高，約為攝氏200度，而且難以得到薄的塗層。塗料配色性與不規則物體的均勻塗布性皆差。

四、輻射固化塗料

輻射固化塗料中含有活性官能基的高分子材料，可以被波長介於300～400奈米間的紫外光所引發，以形成既不會溶劑溶解、也不會受熱熔化的固體塗膜，具有快速乾燥、環保、節能等優點。它的主要成分[7]為：

1. 低黏度含活性官能基的合成樹脂，如丙烯酸環氧樹脂、丙烯酸聚酯樹脂、丙烯聚醚樹脂、丙烯酸醇酸樹脂、丙烯酸聚氨酯樹脂、丙烯酸氨基樹脂、不飽和聚酯樹脂、環氧樹脂等。
2. 活性稀釋劑，如丙烯酸單體、苯乙烯單體。
3. 紫外光引發劑，如安息香醚類、二苯甲酮衍生物、苯偶醯縮酮、酮胺混合物等。
4. 助劑，如消泡劑、流平劑、穩定劑、分散劑等。

自1990年代起，輻射固化即開始應用於印刷技術上，目前除了普遍應用於紙張、塑膠、金屬與漆膜的印刷外，還應用於印刷電路板、大型積體電路、數位相機、光碟、行動電話、液晶顯示器與離子顯示器中。

8.3.3 公用設施

一、熱媒流體

熱媒流體或熱媒油是由高沸點、高穩定度與高導熱的礦物或合成油與添加劑所製成，普遍應用於工業製程加熱中，以作為熱能交換的媒介。多氯聯苯（PCB）就是早年最常用的熱媒流體，但是由於其毒性過

強，而且一旦暴露，會在身體內可改變成其他化學品，無法排除。自1979年起，美國與世界各國已逐漸禁止多氯聯苯生產與使用。

1960年代，環氧乙烯生產工廠中的觸媒多由高溫、高壓的柴油所冷卻。由於柴油為可燃性，萬一洩漏，會導致火災與爆炸。過去至少發生過四次因柴油洩漏所造成的火災，財物損失超過數百萬美元。自1970年代起，已逐漸由高壓水或高沸點的熱媒油取代。

二、冷凍劑

最早應用於電冰箱、空調或工業製冷設備的冷凍劑為氨氣、丙烯、氯化甲烷等。由於這些氣體洩漏後會造成火、爆炸或危害人體健康，早在1930年代就被美國杜邦公司所開發的氟利昂（Freon）所取代。雖然氟利昂對人體的危害性低，但會破壞大氣臭氧層，因此也逐漸被淘汰，而以R-410A、R404等氫氟碳化合物（hydrofluorocarbons）所取代。

三、中和劑

氫氧化鈉是洗滌或中和燃燒或焚化排氣中氯化氫、二氧化硫等酸氣最有效的物質，然而由於氫氧化鈉不僅價格昂貴，而且反應性與刺激性強，易於傷害人體健康。可應用碳酸鈉、碳酸氫鈉、石灰或氫氧化鎂取代，以提高安全程度。碳酸鈉或碳酸氫鈉價格較低，不僅可提高安全性，還不致於降低效率。石灰價格低廉，但僅微溶於水，洗滌與中和效率較差。氫氧化鎂安全性更高，因為無論添加多少數量，水溶液的酸鹼度不會超過[9]。

8.3.4　取代方針

美國BIZNGO是2006年美國企業與環保相關的非政府組織所組成的非正式的網路組織，其宗旨為推廣安全化學品與永續材料的應用。它所提出

的化學品替代方案的評估協議（BIZNGO Chemical Alternatives Assessment Protocol）是一個推廣創新安全化學品的決策架構，提供企業一個辨識與篩選替代化學品的程序，可以協助企業與政府選出適當的替代方案。BIZNGO協議包括下列三個指導方針：

1.決策功能：由化學品下游使用者的視野以評估替代方案[28]。

2.化學品危害比較評估。

3.產品週期評估與風險評估。

執行步驟如**圖8-8**所顯示，以上三個指導方針為下列七個步驟的基礎：

第一步，列出危害性與毒性化學品：企業或工作場所首先應該清查所使用的化學品，然後表列所有危害性、毒性物質的名稱、使用量、使用方式與用途等。

第二步，列舉終端使用者與功能特性：蒐集危害性物質的名稱、物質安全資料表（MSDS）、供應與製造廠商、產品測試等資訊。

第三步，列舉替代品：(1)尋找與列舉替代化學品、材料資訊；(2)重新設計產品，以去除所欲替代的危害性化學品；(3)更改較適用的評估系統。如果無法找到可以替代的低危害化學品時，企業或工作場所必須以工程管制、工作方式管制、行政管制與個人防護器具等方法，以降低員工的暴露風險。

第四步，評估化學危害：BIZNGO化學替代方案評估協議分為危害評估與暴露評估兩部分。一般來說，危害評估足以提供選擇替代品的資訊。

第五步，評估技術與經濟績效。

第六步，考量產品週期：考量替代化學品對於人類、環境的衝擊，例如地球暖化、終端使用者的管理及挑戰、暴露評估等。

第七步，選擇與執行符合技術、經濟、環保與健康的最佳替代品或方案。

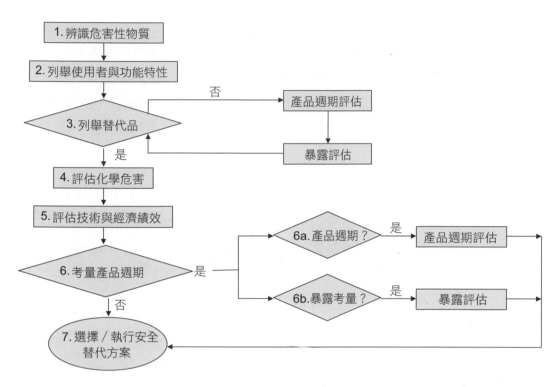

圖8-8　BIZNGO所建議的替代安全化學品協議中的執行步驟[28]

8.4 應用危害性較低的製程

　　從工業發展的歷史角度而言，低危害性製程的發展過程與應用並非自動自發，而是在環境與法規的壓力下所促成的。以氯鹼工廠為例，傳統電解所使用的電池是水銀電池，會產生大量含水銀的廢水。由於水銀不僅有毒，且無法在自然界分解，累積於河川、湖泊的水銀會進入食物鏈中，直接危害人類與水生物的生存；必須尋找替代方法。薄膜電解電池不僅安全性高、對環境友善，且具經濟性。

半個世紀前,原油價格低、環保與工安意識薄弱,法規限制少,生產製程是否普及多取決於經濟與操作可靠度。許多低危害性的製程由於經濟考量在研發過程中就被放棄,從未進入量產階段。1970年代後,由於能源價格高漲、環保法規日益嚴格,此種現象逐漸開始改變。1990年代起,製程安全法規普及後,環保、安全與能源的效標成為製程評估中不可或缺的要素。

8.4.1 替代製程的尋找

目前,雖然尚無尋找高風險的替代製程方案的標準方法,但是吾人可以參考綠色化學專家們所建立的替代方案的尋找方法[23, 24],僅將綠色化學替代方案的選擇步驟簡述於後:

1. 選擇組成目標化合物的基本結構的官能基與分子群。
2. 列出相關化學計量關係、熱能需求、反應性、毒性、物理特性等一系列的限制條件;這些限制條件可以作為排除一些不適用的官能基或分子群。
3. 制定一套準則或效標,以確認值得探討的反應途徑。

一、基本結構

化學反應的途徑不僅眾多,而且與原料或產品的前驅物有很大的關係,因此必須慎選適當的官能基或分子群。原則上,官能基愈多愈好,但是數目愈多,恐愈難追蹤與控制研究品質與進度,仍然要有所限制。

英國帝國學院皮斯蒂科波羅斯教授(E. N. Pistikopoulos)等曾列出一些規則,可作為選擇起始原料的參考[23, 24]:

1. 所有出現於產品的官能基。
2. 出現於常見的工業原料、產品與副產品的官能基

3.具有展現產品功能與特性的官能基。

4.選取與一般化學途徑相關的官能基，如碳環、丙烯酸根、苯環等。

5.排出微粉特性限制或效標的官能基。

這些規則可以用來選擇芳香族碳醯酯的替代路徑的起始原料。

芳香族碳醯酯是印度博帕爾農藥工廠的主要產品。它的主要原料是光氣、甲胺與異氰酸甲酯，其反應方程式如**圖8-9**所顯示。

$$CH_3NH_2 + COCl_2 + CH_3NCOH \rightarrow C_{10}H_7CONHCH_3$$

甲胺　　　光氣　　異氰酸甲酯　α-甲胺甲酸萘酯

圖8-9　α-甲胺甲酸萘酯的合成反應方程式

光氣與異氰酸甲酯皆為劇毒性物質，它們在大氣中的濃度超過幾個ppm後，極可能造成人畜的傷亡。光氣易於水解，是窒息性毒氣，是第一次與第二次世界大戰中即被德國與日本所使用的化學武器，異氰酸甲酯則是1984年印度博帕爾意外事件中所釋放的氣體。

為了取代劇毒的異氰酸甲酯，必須重新選取起始原料。由於甲胺甲酸萘酯含有芳香族的苯環，因此除了考慮苯環（Ar）相關的官能基，如ArCH、ArCl、ArCOH外，還必須考慮其他如CH₃、CH₃NH、CH₃NH2、COO-、CHO、COOH、OH與Cl等。由於這些官能基可以推導出大量的反應物來，因此皮斯蒂科波羅斯教授等應用下列三個假設，以限制反應物的數目：

1.只考慮十五個結構與官能基。

2.只考慮單取代的芳香族化合物，因為產品是單取代化合物。

3.不考慮碳骨架必須被改變才能形成所需要產品的化合物，例如單苯環類，因為不想探討合成萘環的途徑。

應用上列原則，皮斯蒂科波羅斯教授們選出了萘、1-氯萘、1-萘酚、N-甲基1-萘胺、1-甲酸氫萘、1-氯甲酸萘、甲氨甲酸萘酯、氯、甲氨、氯化甲烷、光氣、甲醇、異氰酸甲酯、氯化甲醛、甲基醯胺等。

二、限制條件

選擇了原料或反應物後，就該列舉一系列的限制條件，以描述反應物如何形成產品或副產品，例如化學計量關係、反應熱等。以甲胺甲酸萘酯為例，它包括七個ArC與H化學鍵與兩個ArC與ArC的化學鍵，因此反應物必須提供足夠的ArC分子群，以滿足產品的需求。其他的官能基也以同樣的方式推算其他限制條件。

三、反應路徑的選擇

反應路徑的選擇與排序包括成本與環境條件的考量。皮斯蒂科波羅斯教授們針對甲胺甲酸萘酯的合成的十三種不同的反應路徑，依照成本與環境因素做出如**表8-1**所列的排序。

皮斯蒂科波羅斯教授們的分析結果並不一定就是最佳或最適化的反應途徑，它只是一個理性的分析方法與一套系統化的決策準則，以提供開發替代製程的參考而已。如果以物質的危害指數或風險排序取代利潤或環境排序，則可得到不同的選擇。

8.4.2 案例

一、甲胺甲酸萘酯

ADAMA農業解決方案有限公司（ADAMA Agricultural Solutions Ltd）的前身——以色列的梅克泰施公司（Makhteshim Co.）開發出一個新的製程，可以避免應用劇毒的異氰酸甲酯。該公司首先合成氯化甲酸萘

表8-1　替代合成途徑的比較與排序[23]

1	2	3	4	5	6	7	8	9	10	11	12	13	14	15	16	17	18	19	利潤	環境排序
-1								-1	1	1	-2								1.45	9
	1	1		-1	-1					1	-1	-1							1.03	7
	2			-1	-1					1	-1								1	2
	1			-1					1	1	-1	-1				1	-1		1	1
-1	1			-1															1	1
		1			-1			-1		1	-1	-1							0.976	12
										1	-1				1	1		-1	0.967	4
			-1	-1	-1			-1	1	1	-1								0.952	8
								-1	1	1		-1				1	-1		0.952	11
		2				-1	-1	-1	-1	1									0.604	5
	1	1				-1		-1	-1	1	1							-1	0.543	6
				-1					-1	1									0.503	3
1								-1	-1	1									0.451	10

註：1＝氧氣；2＝氫氣；3＝氯化氫；4＝氯甲烷；5＝N-甲基-N-苯基甲醯胺；6＝水；7＝甲胺；8＝光氣；9＝異氰酸甲酯；10＝萘酚；11＝甲胺甲酸甲酯；12＝氯廢萘酚酯；13＝萘；14＝甲基萘胺；15＝甲酸萘酯；16＝氯氣；17＝氯化甲烷；18＝甲醇；19＝氯。

酯,然後再應用萘酚、光氣與氯化甲酸萘酯反應,以產生 α-甲胺甲酸萘酯(圖8-10)。

$$CH_3NH_2$$

$$C_{10}H_7OH + COCl_2 + C_{10}H_7OCOCl \quad \rightarrow \quad C_{10}H_7CONHCH_3$$

萘酚　　光氣　　氯化甲酸萘酯　　　　α－甲胺甲酸萘酯

圖8-10　以色列的梅克泰施公司所開發的替代製程

二、丙烯腈

丙烯腈(acrylnitrile)是無色有刺激性氣味、易燃與獨性液體,略溶於水,易溶於一般有機溶劑。它是生產聚丙烯腈、腈綸纖維與丁腈橡膠的主要原料。傳統合成方法是應用危害性較高的乙炔與劇毒的氫化氫氣體(圖8-11)。

$$C_2H_2 + HCN \quad \rightarrow \quad CH_2CHCN$$

乙炔　氰化氫　　　　丙烯腈

圖8-11　傳統丙烯腈合成方法

目前已使用較安全的Sohio製程取代。此製程先將丙烯、氨氣與空氣(圖8-12),在400～500℃溫度與50～200kPa的壓力下通過流體化觸媒床,然後再用硫酸冷卻。

未反應的丙烯、一氧化碳與氮氣經焚化後排放至大氣中。水溶液中的丙烯腈則經過水洗、蒸餾後,與乙腈、氰酸與硫酸銨分離。

$$CH_2CHCH_3 + NH_3 + 1.5 O_2 \quad \rightarrow \quad CH_2CHCN + 3H_2O$$

丙烯　　　　氨　　氧氫　　　　丙烯腈　　　水

圖8-12　較安全的丙烯腈合成方法(Sohio製程)

三、丙烯酸酯

丙烯酸酯（acrylic ester或acrylate）是丙烯酸中羧基中氫原子，被烷基取代的化合物，如丙烯酸甲酯（methyl acrylate）、丙烯酸乙酯（ethyl acrylate）、丙烯酸丁酯（butyl acrylate）及丙烯酸辛酯（octyl acrylate）等無色液體。主要用途為丙烯酸酯聚合物的原料、可塑劑、除草劑、化妝品等。傳統製程是由德國BASF化學公司的雷佩博士（Walter J. Reppe）應用乙炔、一氧化碳與醇類在四羰基鎳與脫水的氯化氫的催化作用下所合成的（圖8-13）。

$$Ni(CO)_4$$
$$C_2H_2 \ + \ COROH \quad \rightarrow \quad CH_2CHCOOR$$
乙炔　　　　醇　　　HCl　　　丙烯酸酯

圖8-13　以雷佩法合成丙烯酸酯的反應式

自1930年代起，此方法一直是丙烯酸酯的主要生產方式。其缺點為乙炔與觸媒皆為高危害性物質，極易引發火災、爆炸或危及人類健康：

1. 乙炔反應性強，壓力超過100kPa時，即會發生放熱分解反應，可引發劇烈的爆炸。

2. 一氧化碳不僅易燃且具毒性；由於一氧化碳與體內血紅蛋白的親和力遠比氧氣與血紅蛋白的親和力高200～300倍，而碳氧血紅蛋白較氧合血紅蛋白的解離速度慢3,600倍，因此當一氧化碳在空氣中的濃度超過35ppm時，就會對人體產生損害。

3. 四羰基鎳觸媒在常溫下是無色液體，揮發性強且毒性強，可分解出的鎳粉與一氧化碳在體內作用；與皮膚接觸的致命濃度約為3ppm，立即致死濃度則為30ppm。由於它含有重金屬鎳，會造成環境汙染。

4.脫水的氯化氫氣體無色而有刺激性氣味的氣體，易溶於水，對上呼吸道有強烈的刺激，會造成眼、皮膚、黏膜的腐蝕。

目前，已被兩階段的丙烯直接氧化法所取代[18]（圖8-14）。

$$H_2C{=}CH\text{-}CH_3 + O_2 \rightarrow H_2C{=}CH\text{-}COH + H_2O \rightarrow H_2C{=}CH\text{-}COOH$$

丙烯　　　氧氣　　　丙烯醛　　　　　　　　丙烯酸

$$H_2C{=}CH\text{-}COOH + ROH \rightarrow H_2C{=}CHCOR$$

丙烯　　　　　　醇　　　　丙烯酸酯

圖8-14　丙烯直接氧化法

由於反應物丙烯與產品皆易於燃燒，且硫酸觸媒具腐蝕性，嚴格而論，丙烯直接氧化法在本質上未必安全，但是卻較雷佩法安全得多。

美國陶氏化學公司（Dow Chemical Company）與OPX生技公司探討將蔗糖發酵以產生3-羥基丙酸（3-hydroxypropionic acid），然後再將羥基脫除，以產生丙烯酸。由於蔗糖反應性與著火性遠較丙烯低，而且發酵反應在較溫和的條件下進行，其風險程度更低[19]。

四、亞氨基二乙酸二鈉

亞氨基二乙酸二鈉（Disodium iminodiacetate, DSIDA）是美國孟山都化學公司（Monsato Chemical Co.）所生產的Roundup殺草劑的主要原料。早年孟山都公司應用史崔克製程（Strecker process）合成。此製程應用毒性與反應性皆高的氨氣、甲醛、氯化氫與氰化氫為原料，而且還會放出大量熱能、產生不穩定的中間產物與廢水。自1945年起，孟山都公司就致力於較安全與環保的二乙醇胺脫氫製程的開發。1994年獲得美國專利後，取代傳統製程[20]。新製程不僅以低揮發性、低毒性的二乙醇胺為原

料與銅為觸媒，而且還是吸熱反應，不會引發反應失控的意外。此新製程於1996年獲得美國環保署較綠色合成路徑獎（Greener Synthetic Pathways Award）。

五、過渡金屬觸媒

加拿大麥吉爾大學（McGill University）李朝軍教授在空氣與水溶液中，應用不同的過渡金屬以催化碳—碳鍵的形成，以簡化鹵化—去鹵化、保護—去保護作用[21]。

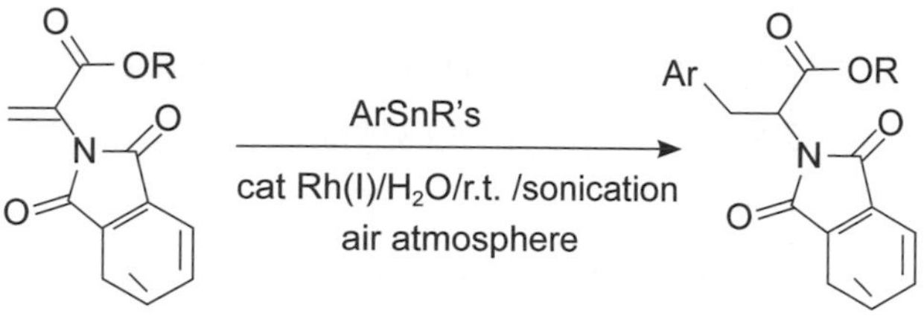

圖8-15　以過渡金屬元素催化碳—碳鍵的化學反應式[21]

由於他的方法不僅可在常溫下與水溶液中合成許多重要的精密化學品與藥物，而且僅產生少量的廢棄物，因此獲得美國環保署2001年學術獎、美國總統綠色化學挑戰獎、加拿大綠色化學與化工獎與2015年R. U. Lemieux獎。2007年，加拿大化工網將他的研究成果列為20世紀加拿大化學領域最重要的發現之一[22]。

六、聚合物分子架構

將反應物、觸媒、防護劑或調節劑與聚合物結合以固定這些反應性強的單一小分子，亦可提升系統的安全程度；例如先將磺酸（sulfonic acid）與苯乙烯結合後，再作為甲基叔丁基醚（MTBE）合成反應的觸媒（**圖8-16**），可以降低磺酸的腐蝕性與副產品的產生。

與苯乙烯結
合的磺酸
$$CH_2C(CH_3)_2 + CH_3OH \longrightarrow CH_3OC(CH_3)_3$$
　異丁烯　　　　　甲醇　　　　甲基叔丁基醚（MTBE）

圖8-16　甲基叔丁基醚（MTBE）合成反應[25]

七、相態移轉觸媒

相態移轉觸媒（phase transfer catalysts）是一種可以促進反應物從某一個相態移轉至另一個相態，以促進化學反應發生的觸媒。相態移轉觸媒有如乳化劑一般，可促成將不溶於有機溶劑的離子反應物與有機溶劑中的物質產生反應（**圖8-17**）。應用相態移轉觸媒有時可以減少高危害性物質的使用量，例如，可使用鹽酸以取代脫水氯化氫。

以聚碳酸酯合成為例，應用氫氧化四丁基銨（Bu_4NOH）、氫氧化鈉為觸媒，在二氯甲烷的溶液中與光氣作用，可以大幅減少94%光氣的使用量與光氣／氯化甲烷的水解[27]（**圖8-18**）。

相態移轉觸媒已成功的應用於酯化、親核性芳香族取代（nucleophilic aromatic substitution）、脫氫鹵化、氧化、烴化與醛醇縮合反應等。

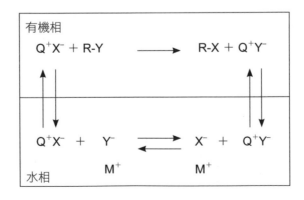

圖8-17　相態移轉觸媒的萃取機制[26]

HO—⬡—C(CH₃)(CH₃)—⬡—OH   Cl—C(=O)—Cl   →[Bu₄NOH 1mo1% / 50% NaOH CH₂Cl₂]   聚碳酸酯 Polycarbonate 分子量：41,500

雙酚A   2%過剩量

圖8-18　以相態移轉觸媒合成聚碳酸酯的反應方程式[26]

優點為：

1. 增加生產力：增加產率與反應器效率、降低或整合操作單元、減少週期時間。
2. 降低環境衝擊：降低溶劑使用量與副產品。
3. 改善產品品質：改善選擇性與減少副產品產生。
4. 降低風險：控制放熱物質、減少危害物質的使用量。

八、即時需求生產

　　即時需求生產（on-demand generation）是將生產高危害物質的先驅物儲槽與生產製程設備設置於所需的場所中（**圖8-19**）。當生產場所需要使用該物質時，才會啟動製程將它生產出來。由於高危害物質生產出來後，很快地就與其他物質作用而消耗殆盡，即使洩漏也不致於造成太大的意外。光氣的即時需求生產設備早已應用於二異氰酸甲苯酯（Toluence

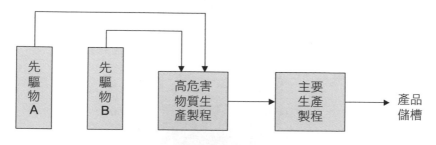

圖8-19　即時需求生產流程示意圖[27]

Diisocyante, TDI）的生產製程中。

氯氣是一種黃綠色、刺激性氣味、有毒的氣體，易溶於水，應用於漂白與殺菌。由於它會刺激人體呼吸道黏膜，輕則引起胸部灼熱、疼痛和咳嗽，嚴重者可導致死亡，因此屬於高危害性氣體。澳洲Waterco公司所開發的電氯（ElectroChlor）設備（**圖8-20**），可以應用鹽水為原料即時產生氯氣，可以避免氯氣洩漏的危害。此技術最早成功的應用於英國伯明罕佛蘭克萊市（Frankley, Birmingham, England）自來水工廠。2000年，得到英國化工學會傑出安全與環境獎。

8.5 結語

過去半個世紀以來，化學工業的高速成長，大幅提高人類的生活水準；然而由於化工業應用了大量的危害性物質，偶然的失誤、錯誤使用或意外事故會造成嚴重的環境破壞與人畜的傷亡，因此普遍受到社會大眾的排擠與反對。無論從產業或人類的永續經營的角度而論，皆必須不斷地降低危害性物質的使用量。因此，取代是一個持續改善的過程。

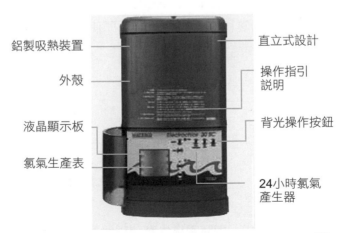

鋁製吸熱裝置　　　　直立式設計

外殼　　　　操作指引
　　　　　　　　　說明

液晶顯示板　　　　背光操作按鈕

氯氣生產表　　　　24小時氯氣
　　　　　　　　　產生器

圖8-20　電氯（ElectroChlor）即時氯氣生產裝置[28]

參考文獻

1.Wikipedia (2012). Substitution of dangerous chemicals. http://en.wikipedia.org/wiki/Substitution_of_dangerous_chemicals.

2.MBA智庫百科（2014）。〈綠色塗料〉，1月26日。http://wiki.mbalib.com/zh-tw/%E7%BB%BF%E8%89%B2%E6%B6%82%E6%96%99

3.Environmental Leader (2014). Green Coatings Market Expected to Reach $85 bn by 2018. March 14. http://www.environmentalleader.com/2014/03/13/green-coatings-market-expected-to-reach-85-bn-by-2018/

4.環保署（1996）。公告適用環保標章產品項目及其需之規格標準。環署管字第三一〇七〇號，中華民國八十五年六月二十一日。

5.達森建築室內設計（2015）。〈水性塗料的優點〉。http://dazon888.pixnet.net/blog/post/30735800-%E6%B0%B4%E6%80%A7%E5%A1%97%E6%96%99%E7%9A%84%E5%84%AA%E9%BB%9E

6.Wikipedia (2015). Powder coating.

7.百度百科（2015）。〈輻射固化〉。

8.King, Jerry W. (2002). 34, Supercritical fluid technology from lipid exraction, fractionation and reactions. In Tsung Min Kuo and Harold Gardner. *Lipid Biotechnology*. New York: Marcel Dekker Inc. pp. 663-687. Rctrieved December 2007.

9.Navy Facility Engineering Service Center (2015). 5.17 UNICARB® Supercritical CO2 Coating Spray System in Joint service pollution prevention opportunity handbook. http://infohouse.p2ric.org/ref/20/19926/P2_Opportunity_Handbook/5_17.html.

10.Hisaka (2015). Supercritical dyeing and treatment. Hisaka Works, LTD, Singapore. http://www.hisaka.co.jp/cgi-bin/english/vital/textile/index.cgi?c=zoom&pk=33

11.Anastas, P. T., Zimmerman, J. B. (2003). Design through the Twelve Principles of Green Engineering. *Environ. Sci. Technol., 37*, 94A-101A.

12.〈離子液體當作溶劑的應用〉，綠色化學網路資訊共享網，http://gc.chem.sinica.edu.tw/new-no-ionic.html

13.Welton, T. (1999). Room-temperature ionic liquids. Solvents for synthesis and catalysis. *Chem. Rev., 99*, 2071.

14.Jessop, P. G., Ikaria, T., Noyori, R. (1995). *Chem. Rev., 95*, 259.

15.Kuran, W. (1998). *Prog. Polymer Science, 23*, 919.

16.Cheng, M., Moore, D. R., Reczek, J. I., Chanmberlain, B., M' Lobokovsky, E. B., Coates, G. W. (2001). *J. AM. Chem. Soc., 123*, 8783.

17.Sun, J., Fujita, S. I., Zhao, F., Arai, M. (2005). *Applied Catalyst A: General, 287*, 221.

18.Ohara, T., Sato, T., Shimizu, N., Prescher, G., Schwind, H., Weiberg, O., Marten, K., Greim, H. (2003). Acrylic acid and derivatives. In *Ullmann's Encyclopedia of Industrial Chemistry*. Wiley-VCH, Weinheim.

19.D&D (2011). Sweet deal: Dow and partner cook up sugar-to-acrylic plan. Durability and design, April, 12 , 2011. http://www.durabilityanddesign.com/news/?fuseaction=view&id=5417

20.Monsanto (1994). contacting an aqueous solution of a primary aminoalcohol with a .... with an alkali metal hydroxide in the presence of a Raney copper catalyst. US Patent No. 5292936A.

21.Huang, T. S., Li, C. J. (2001). *Org. Lett., 3*, 2037.

22.Thorpe, B. (2015). Green chemistry in Canada: Introducing Dr. Chao-jun Li, Breast cancer research in Quebec. http://www.bcam.qc.ca/content/green-chemistry-canada-introducing-dr-chao-jun-li

23.Allen, D. T., Shonnard, D. R., Nguyen, N. T. (2002). Chapter 7, Green chemistry, *Green Engineering*. Prentice Hall, Upper Saddle River, NJ.

24.Buxton, A., Livingston, A. G., Pistikopoulos, E. N. (1997). Reaction path synthesis for environmental impact minimization. *Computers in Chemical Engineering, 21*, S959-964.

25.Sherrington, D. C. (1991). Polymer supported system: Toward clearer chemistry? *Chemistry and Industry, 7*, January, 16.

26.Halpern, M. (2001). Phase-transfer catalysis overview. PTC Organics, Inc., Mt. Laural, NJ.

27.Mitchell, J. W. (1992). Alternative starting materials for industrial processes. *Proc. Natl. Acad. Sci., 89*, 821-826.

28.Lavoie, E., Heine, G., Holder, H., Rossi, M. S., Lee, R. E., Conner, E. A., Vrabel, M. A., Difiore, D. M., Davies, C. L. (2010). Chemical alternatives assessment. *Environmental Science and Technology, 44*(24), 9244-9249.

CHAPTER **9**

調節

9.1 前言

調節是將化學反應在較緩和或較安全的條件下進行，或將物質在較安全的條件下儲存或運輸。它是僅次於強化與取代的第三種本質較安全的設計策略，通常是當強化與取代策略不可行時，才可考慮應用。

調節有下列六種方法[1]：

1. 稀釋。
2. 冷凍。
3. 調整操作與儲存條件。
4. 改變固體的物理特性。
5. 廠址選擇與評估。
6. 廠區布置。

9.2 稀釋

稀釋是降低物質的濃度或儲存的壓力，以提升沸點低的危害性物質的本質安全程度。沸點低於常溫的易燃性或毒性液體通常儲存於壓力容器之中。萬一洩漏，由於容器內外壓差大，危害性物質會迅速揮發而形成蒸氣雲。以氨氣與甲胺為例，兩者在常溫下都是氣體；因此，100%的氨與甲胺必須分別在8.8與2.8大氣壓以上的壓力下，才能以液態方式儲存（**表9-1**）。

然而，如果管線破裂時，由於壓力瞬間降低，管線內部的高壓液體會迅速揮發於大氣之中。一個2英寸氨氣管線破裂後，半英里外的氨氣濃度仍高達3,400ppm，而28%氨水洩漏後的濃度僅600ppm左右（**圖9-1**）。

以沸點為-6.7度的甲胺為例，在25度溫度下，它的蒸氣壓為345kPa。

表9-1　氨氣與甲胺在不同水溶液濃度下的蒸氣壓（單位：大氣壓）[2]

氨氣		甲胺	
濃度 wt%	蒸氣壓 atm	濃度 wt%	蒸氣壓 atm
100	8.8	100	2.8
48.6	3	50	0.62
33.7	1.1	40	0.37
28.8	0.75		
19.1	0.31		

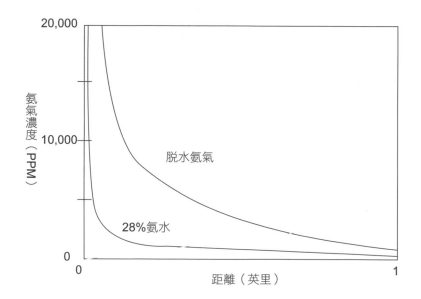

圖9-1　氨氣與28%甲胺水溶液由2英寸管線破洞中擴散後的濃度分布[2]

如果一個345kPa壓力的1英寸管線破裂時，100%的液態甲胺洩漏後所產生的蒸氣雲籠罩的面積約為40%濃度的甲胺水溶液的5倍（圖9-2）。

由這兩個案例可知，將危害性物質溶解在一個沸點較高的溶劑，不僅可以降低儲存的壓力，而且可以大幅降低洩漏後所造成的後果[1]。其他案例為：

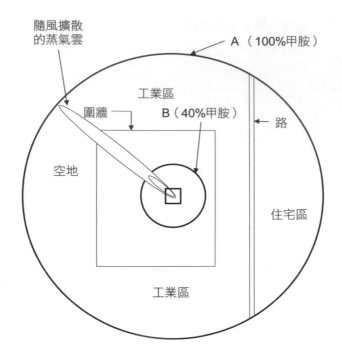

圖9-2　由一個345kPa壓力的1英寸管線中洩漏後，100%脫水甲胺與40%水
溶液中的甲胺所產生的蒸氣雲籠罩面積[2]

1.以稀硝酸取代發煙濃硝酸。

2.應用硫酸於磺化反應中，以取代發煙硫酸。

3.以過氧化苯為炸藥，以取代硝化甘油。

如果製程中必須使用濃度高的危害性物質時，為了降低風險，可以
先將它們溶解於水或其他溶劑中，以降低其風險。使用前，再將稀釋的物
質以蒸餾或其他方法增濃。

🧪 **9.3** 冷凍

　　氯氣、氨氣等危害性物質在常溫下為氣體，如欲降低儲槽的體積，必須在高壓下以液態儲存；然而，壓力愈高，風險愈大。如果將危害性氣體在低於其沸點的一大氣壓的儲槽內以液態型式儲存時，不僅可以減少儲槽的體積與壓力，還可提升安全程度。由**表9-2**可知，氨、氯、甲胺等常見的危害性氣體在一大氣壓下的沸點介於-34度～19度之間。如欲在一大氣壓下以液態方式儲存，必須應用冷凍方式，以維持儲槽內的溫度。

　　圖9-3顯示一個液氯冷凍儲存系統，儲槽設置在有覆蓋的儲坑中。洩漏的氯氣則經由管線輸送至洗滌塔吸收。

　　由安全的角度而言，將危害性氣體在低溫下以液態儲存有下列三個優點：

1. 減少儲存的壓力：由於儲槽內外壓力相同，萬一儲槽破裂時，槽內危害性物質向外洩漏的速度慢，而且散布的範圍小。
2. 閃蒸量少：溫度低，危害性物質洩漏後必須吸收外界熱量才會蒸發，蒸發速率較慢，數量亦少。

表9-2　一大氣壓下常見危害性氣體的沸點

物質	化學式	一大氣壓下沸點（℃）
氯	Cl_2	-34
氨	NH_3	-33
一氯甲烷	CH_3Cl	-24
二氧化硫	SO_2	-10
甲胺	CH_3NH_2	-7
1,2-丁二烯	$1,2-CH_2CCHCH_3$	-4
二甲基胺	$(CH_3)NH$	7
光氣	$COCl_2$	8
氟化氫	HF	19

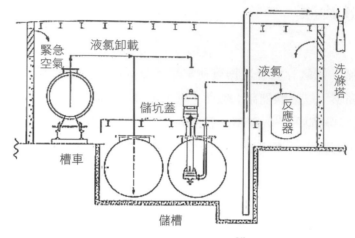

緊急
空氣

液氯卸載

液氯

洗滌塔

儲坑蓋

反應器

槽車

儲槽

圖9-3　液氯儲存系統[4]

3. 液體氣膠的產生量低：在壓力容器中儲存的液態氣體洩漏時，由於容器內外壓差大，會形成一股夾帶大量液態氣膠的噴射氣流，因此所洩漏的數量遠比依據熱力學所預測的數量大。在冷凍第一大氣壓下儲存的液態氣體洩漏時，由於內外壓差相同，不僅閃蒸量低，而且所夾帶的液態氣膠亦低。

　　L. E. Brown等人曾探討過丙烯在不同的相態下由一個6英寸管線洩漏後的速率比較。他們發現冷凍狀態下的液態丙烯洩漏後所產生的蒸氣速率遠低於高壓狀態下液態丙烯（**圖9-4**）。

　　冷凍狀態下的危害性物質由管線洩漏後所擴散的範圍遠比在常溫、高壓下所擴散的範圍小。甲胺在一大氣壓（101.3kPa）下的沸點為-7℃，在常溫（25℃）下的蒸氣壓為345kPa。由**圖9-5**可知，冷凍液態甲胺由1英寸管洩漏出的蒸氣雲所籠罩的面積（B）遠小於由345kPa的常溫下的甲胺小。

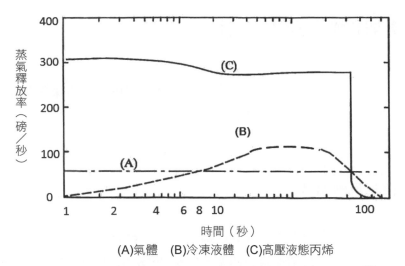

(A)氣體　(B)冷凍液體　(C)高壓液態丙烯

圖9-4　丙烯由6英寸管中的釋放率與時間的關係[4]

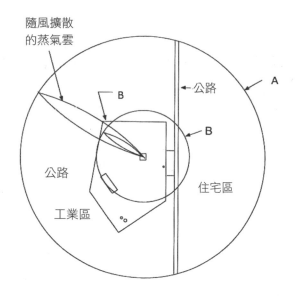

(A)345kPa、25℃條件下　　(B)101.3kPa、-7℃條件下

圖9-5　不同條件下的甲胺由1英寸管中洩漏後所產生的蒸氣雲的擴散範圍[3]

9.4 調整操作與儲存條件

調整溫度、壓力或反應物質的濃度,將反應在較和緩的條件進行,雖然會降低反應速率與產率,但是卻可以大幅增加製程的本質安全程度,值得考慮。

9.4.1　降低反應溫度

溫度是影響反應速率最主要的因素之一。一般而言,對於大多數在常溫下進行的反應,每增加攝氏10度,反應速率約增加一倍左右。提高反應溫度,固然可以增加反應速率與產率,但是溫度過高易於導致反應失控。

苯酚

苯酚,又名石炭酸、羥基苯,全球年產量約990萬噸,是生產樹脂、殺菌劑、防腐劑以及藥物的主要原料,最早應用於外科手術消毒,但由於苯酚有毒,對皮膚有強烈的刺激作用,已被取代。絕大多數工業用苯酚是由異丙基苯經偏氧化反應所合成,也就是所謂的虎克重組反應(Hock rearrangement)。

如**圖**9-6所顯示,虎克重組反應包括兩個步驟;首先,異丙基苯與氧氣作用產生過氧化丙基苯(cumene peroxide),然後經水解產生苯酚與丙酮。過氧化丙基苯的濃度介於20～40%之間。

由於過氧化丙基苯有兩個連在一起的氧原子,非常不穩定,因此反應溫度必須控制於過氧化丙基苯的自加速分解溫度(Self Accelerating Decomposition Temperature, SADT)之下,以避免中間產物過氧化異丙基苯的裂解。雖然一般生產工廠皆將反應溫度維持於可能導致失控反應的

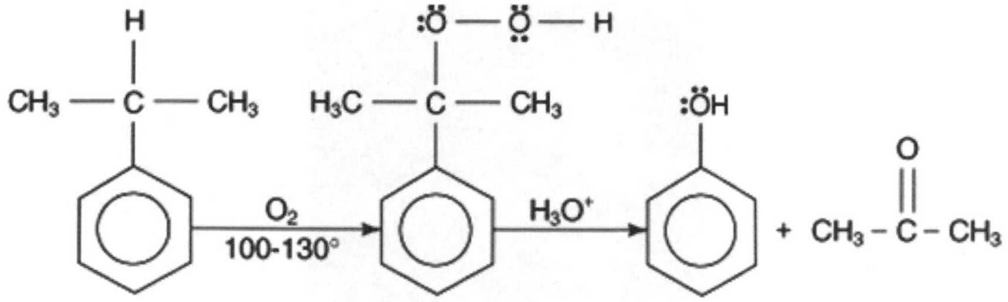

圖9-6　苯酚合成反應

溫度約10度以下，然而，從安全角度而言，應該將反應溫度再降低5～10度。降低反應溫度雖然會造成反應速率的降低，但卻可大幅提升安全程度。為了補償反應速率降低所帶來產率的減少，可以酌加反應器的體積。

9.4.2　降低反應壓力

　　壓力影響反應的平衡，自然也會影響反應速率。反應壓力的選擇多以反應速率與產率的考量，卻忽略了安全上的顧慮。壓力愈高，不僅設備投資成本與能源消費愈高，所承擔的風險也愈大。從永續經營的觀點而論，在較高的壓力下操作可能得不償失。

一、氨

　　氨（ammonia, NH_3）俗稱阿摩尼亞，是一種無色且有強烈的刺激氣味的氣體。它的用途很廣，全球年產量約一億五千萬噸，是化學肥料與清潔劑的主要成分。

　　目前，工業上仍然應用德國化學家哈伯（Fritz Haber）於1921年所發明的哈伯法合成氨氣。哈伯氏是二十世紀對人類最有影響力的人物之一，因為自從哈伯法發明後，廉價的氨氣與化學肥料得以大量供應，大幅提高農作物的產量。估計世界上約三分之一的人口依賴以氨氣為原料所生

圖9-7　德國化學家哈伯[5]

產的化學肥料生存。

　　當年哈伯所使用的高壓反應器仍然展示在德國卡爾斯魯厄理工學院校園中（**圖9-8**）。

　　哈伯法（Haber Process）是將氮氣及氫氣在通過一個含鐵的觸媒床，以產生氨氣。產率約為10～20%。

$$N_2 (g) + 3H_2 (g) \rightarrow 2NH_3 (g)$$

　　由於反應為放熱反應（反應熱為-92kJ/mole），且為可逆反應，溫度愈高，反應平衡愈向左邊移動，反而不利於氨氣的產生。然而，為了提高反應速率，此製程選擇在攝氏400～500度的高溫下進行。在此條件下平衡後的產率反而較低溫時為低。壓力愈高，愈有利於氨氣的產生，因為氨氣的摩爾數低於氮氣與氫氣等反應物的總摩爾數。早期的反應器皆設定在500大氣壓以上的壓力下進行。經過不斷的製程改善，1950年代時，操作壓力已降至300～350大氣壓；到了1980年代，則降至100～150大氣壓。壓力

圖9-8　1921年哈伯所應用的高壓反應器[5]

雖然降低，但是安全性卻大為提升、投資成本較低，效率也隨之提高[6]。

二、甲醇

甲醇（methanol, CH_3OH）又稱羥基甲烷、木醇、木精，是一種工業用溶劑與塑料、合板、塗料與免燙紡織品的原料。甲醇具有毒性，飲用含有甲醇的酒可導致失明、肝病與死亡

早在1923年，德國巴斯夫化學公司（BASF SE）即應用銅、氧化鋅與三氧化鋁所組成的觸媒（$Cu/ZnO/Al_2O_3$）在250～350大氣壓下，將二氧化碳與氫氣作用，以產生甲醇。1960年後，中低壓的製程開始出現。1966年，英國卜內門化學公司（ICI）將壓力降至50大氣壓左右，可節省25%能源消費。目前，美國凱洛格工程公司（Kellogg）、日本三菱氣體公司（Mitsubishi Gas）、丹麥的托普索公司（Haldor Topsoe）皆提供以銅鋅為

觸媒的低壓甲醇製程[7]。

2014年，美國史丹佛大學與丹麥科技大學（Technical University of Denmark）發現一種鎳／鎵觸媒（圖9-9），可在常壓下將二氧化碳與氫氣轉化為甲醇[8]。

三、醛化作用

醛化作用（hydroformylation）又稱oxo製程，是將醛基與氫原子加到烯類的雙鍵上，以形成醛類的化學反應。自1938年德國化學家Otto Roelen發現烯類與一氧化碳及氫氣作用後會產生醛類與酮類後，一直是工業上生產醛類的製程。早期此製程應用溶液中的四羰基氫化鈷$HCo(CO)_4$為觸媒，在200～450巴與攝氏140～180度的條件下，才能進行反應。由於觸媒先經分解後才能合成醛類，此製程包括一段複雜且昂貴的觸媒回收系統。

1960年後，美國艾克桑（Exxon）、德國巴斯夫（BASF）與荷蘭殼牌（Shell）公司等公司才應用三羰基三烴基磷氫化鈷$HCo(CO)_3PR_3$觸媒，可

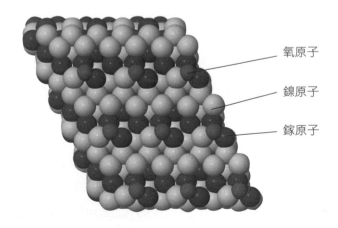

氧原子

鎳原子

鎵原子

圖9-9　鎳鎵觸媒原子構造圖，其中分別為鎳原子、鎵原子和氧原子[8]

　　將操作壓力降至30～100巴之間，反應溫度仍然必須維持在140度以上。

　　1970年代初期，美國聯碳公司（Union Carbide Corp.，已被陶氏公司合併）應用一種溶解於高沸點的油類中的三烴基磷氫化銠觸媒，可在18大氣壓與95～100度條件下進行醛化作用。反應完成後，觸媒、未反應的物質與丁醛等先經過降膜蒸發器（falling film evaporator）中將揮發性物質去除，再經蒸餾塔將丁醛分離，最後再將底部含觸媒的油類回流至反應器中。化學反應式如圖9-11所顯示。

$$2CH_3CH{=}CH_2 + 2CO + 2H_2 \rightarrow CH_3CH_2CH_2CHO + (CH_3)_2C(H)CHO$$

　　正丁烯　　一氧化碳　氫　　　　　正丁醛　　　　異丁醛

圖9-11　低壓醛化製程的化學反應式

　　1976年，聯碳公司在波多黎各興建了第一座低壓oxo工廠，每年可生產136,000噸丁醛[9]。目前，全世界幾乎所有的丁醛生產工廠皆改用銠觸媒，僅有一座俄國工廠仍使用傳統鈷觸媒。約60%丁醛的生產是應用聯碳低壓醛化製程。圖9-12為中國石化總公司旗下的齊魯石化公司所興建的2-乙基己醇工廠中的低壓醛化工場外觀。

四、低壓聚乙烯製程

　　聚乙烯（polyethylene, PE）是日常生活中最常用的塑膠材料之一，舉凡塑膠袋、塑膠薄膜、牛奶桶等產品皆以聚乙烯為原料。

　　聚乙烯依其密度可區分為：

1. 高密度聚乙烯（High Density Polyethylene, HDPE）：比重高（0.941～0.959），熔點介於攝氏125～130度之間。高密度聚乙烯是以乙烯為原料、齊格勒—納塔觸媒（Ziegler-Natta catalyst）與氧或有機過氧化物為引發劑，在管式或釜式低壓反應器中引發聚合反應。其特點為分子鏈上排列整齊，而且沒有支鏈，適用於製造各種射出、

圖9-12　2-乙基己醇工廠中的低壓醛化工場外觀[9]

吹塑與擠壓成型等製品。

2.中密度聚乙烯（Medium Density Polyethylene, MDPE）。

3.低密度聚乙烯（Low Density Polyethylene, LDPE）：比重低（0.910
～0.925），應用高溫、高壓（147.17～196.2MPa）下的自由基聚
合而成。在反應過程中，由於鏈轉移反應，在分子鏈上生出許多支
鏈，因此強度低，應用於薄膜製品。

4.線性低密度聚乙烯（Linear Low Density Polyethylene, LLDPE）：比
重低（0.920～940），在低壓下聚合。

　　最早工業化生產的聚乙烯是在1,500～2,000巴的高壓，將乙烯聚合而
成的低密度聚乙烯（LDPE）；第二代聚乙烯是低壓法聚合而成的高密度
聚乙烯（HDPE）。第三代則是1977年，美國聯碳公司所開發的UNIPOL
製程，可在低壓（25巴）與攝氏100度條件下，應用流體化床方式生產線

性低密度聚乙烯，可以降低50%投資成本與75%的能源消費。2013年，全世界約生產8,178.5萬噸聚乙烯，其中在高壓下生產的低密度聚乙烯僅占24.3%，而高密度與線性低密度聚乙烯皆以低壓製程生產。

低壓聚乙烯製程技術可區分為泥漿、溶液與氣態等三類：

1.泥漿製程：聚合反應在稀釋的泥漿中進行，其中觸媒被固定於惰性的載體上，所產生的聚合物仍懸浮於液態泥漿中；技術提供者為Phillips、Solvay、USI、Hostalen、Mitsui、Nissan/Equistar/Maruzen、Nisseki、Borstar等。

2.溶液製程：由於觸媒與所產生的聚合物皆溶解於溶劑中，因此反應完成後，必須將溶劑與聚合物分離；技術提供者為DowLex、Compact、Sclairtech。

3.氣態製程：反應器為攪拌式或流體化床式，技術提供者或名稱為Unipol/Unipol II、Innovene、Spherilene、Evolué、Lupotech G等。

圖9-13顯示各種不同的線性聚乙烯技術品牌所占的市場比例，其中以聯碳公司的**UNIPOL**的生產容量最大，約29%，美國雪佛龍飛利浦公司

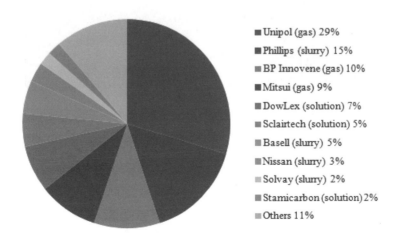

圖9-13　各種線性聚乙烯技術所占的市場比例[11]

（Chevon Phillips）的飛利浦製程與英國石油公司（BP）的Innovene製程次之，分別占15%與10%。三者合計超過總生產容量的50%。

每種製程所生產的產品皆有其限制。**圖9-14**顯示不同製程所產生的聚乙烯的密度與熔體流動指標（melt index）的範圍。泥漿製程所生產的聚乙烯的比重大於0.937，熔體流動指標可達10克／秒。泥漿製程產品的比重與熔體流動指標的範圍較為寬廣。氣態製程產品的比重與熔體流動指標範圍雖然更寬，但是由於黏滯性過高與顆粒的凝聚現象，難以生產較低密度的產品。

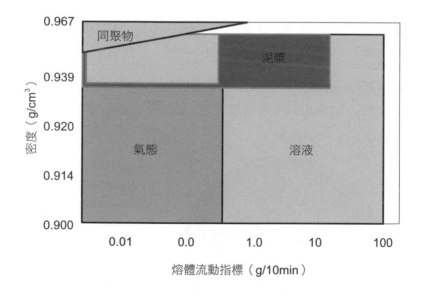

圖9-14　不同低壓製程所生產的聚乙烯的密度與熔體流動指數[10]

9.5 改變固體的物理特性

固體物質的原子間的結合緊密，不僅較液體及氣體堅硬，且有固定的體積與形狀，不會隨著容器形狀而改變。固體物質的顆粒大小與其物理特性直接影響其處理方式，顆粒愈小，愈容易產生粉塵的飛揚、散布，進而導致人員的暴露，甚至引發塵爆的危險。由**表9-3**可知，鋁粉的反應性與粒徑有很大的關係，粒徑愈大，單位質量的表面積愈小，反應性愈低。

由**圖9-15**可知，顆粒大小與表面積是影響塵爆最主要的因素。顆粒愈小，外表面積愈大，愈容易造成塵爆。因此，改變固體物質的顆粒大小或物理特性，可以降低運輸與處理上的風險。

固體物質可以經由下列方式調整其物理特性：

1. 應用粒狀或丸狀物質，以取代粉末物質。
2. 將粉末的固體造粒。
3. 將粉末固體與水或容劑混和成糊狀或泥漿狀，以便於輸送或降低其反應性。
4. 將反應性物質固定於固體基座上。

表9-3　鋁粉的粒徑與反應性的關係[13]

粒徑 μm	最低爆炸 g/m³	最低點燃能量 mJ	最低點燃溫度 ℃	最大壓力 Bar	最大壓力上升速率 bar m/s
0.1	30	<1	550	8.2	364
0.2	30	7	550	9.5	656
7	30	13	900	9.8	568
11	30	-	-	9.1	395
27	40	-	-	7.5	109
42	100	17	950	7.2	98

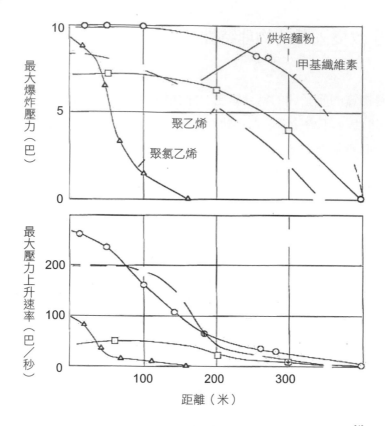

圖9-15　可燃性粉塵的顆粒大小與爆炸壓力的關係[1]

9.5.1　造粒

　　造粒是將直徑微細的固體粉末與添加劑混和再經乾燥、造粒等步驟，製成粒徑均勻、結構簡實與流動性良好顆粒，以便於輸送或加工。造粒方式可依其是否添加水分或溶劑而區分為濕式與乾式兩種：濕式是再添加水或溶劑的黏合劑，而乾式不添加水或溶劑，但仍可添加黏合劑或潤滑劑。造粒方法依加工方式不同，可區分為擠壓、流動床、噴霧、熔融、快速混和、擠壓成型與壓縮等方法。

以染料為例，1980年以前，活性染料市場上只有粉狀的活性染料。由於在生產、包裝與應用的過程中會造成粉塵飛揚，不僅工作場所的衛生條件差，飛揚的粉塵還會汙染周圍紡織物和染料的品質。粉狀染料若經長期儲藏，還會形成團塊，造成使用上的困難。

自從1985年起，染料公司相繼開發出具有良好的流動性與水溶解性、低粉塵飛散性、穩定儲藏性等優點的顆粒狀染料，逐漸取代粉末狀染料的市場。

9.5.2 稀釋或溶解

過氧化物為含有過氧基（$-O-O-$）的化合物，具有強氧化性，易於受到摩擦、撞擊、壓力或溫度的影響而分解。例如，常溫下，過氧化甲基乙酮（MEK peroxide, $C_8H_{18}O_6$）、過氧乙酸（peroxyacetic acid, $C_2H_4O_3$）是非常不穩定的液體過氧化物，對於撞擊與摩擦力非常敏感，極易於失火與爆炸。為了安全起見，應該避免儲存或應用高濃度的此類物質。乾燥的過氧化苯（Benzoyl Peroxide, BPO, $C_6H_5C(O)O_2$）粉末對於振動或撞擊非常敏感。為了降低風險，最好將過氧化物溶解於溶劑中或與惰性物質混和成糊狀[11]。

1990年5月26日上午10時41分，東京市內的一座過氧化二苯甲醯（BPO）製造工廠，於分裝BPO作業過程中發生火災爆炸事故，造成9人死亡、17人受輕重傷，周遭約共八棟之建築物、廠房（約900平方公尺）被燒毀，周邊之公寓等部分玻璃窗亦被震破。

9.5.3 添加惰性物質

添加惰性物質亦可降低粉塵爆炸的風險。將碳酸鈣、石頭、泥土與粒徑較粗的頁岩塵添加到頁岩粉塵中，可以提高粉塵的最低爆炸濃度與對

低點燃溫度。惰性物質添加的數量與物質的反應性有關，僅需5%的碳酸鈣可將頁岩粉塵的最低點燃能量提高67%；然而對於易燃性物質，必須添加50～80%的惰性物質才可完全免除爆炸的風險[13]。

2015年6月27日，在新北市八里區八仙樂園所舉辦的「彩色派對」活動中所發生的爆炸及快速燃燒事故，就是因為所使用的玉米粉及色粉並非防火與安全等級。如果在玉米粉與色粉中添加足夠的惰性物質，則可避免此慘劇的發生。

9.6 廠址選擇與評估

9.6.1 廠址選擇

一個生產工廠場址的選擇取決於下列幾個條件：

1.原料來源。

2.產品市場。

3.交通（水、陸、火車、汽車運輸）。

4.土地供應與價格。

5.勞工素質與薪資水準。

6.人口密度。

7.天災（地震、洪水、颱風、海嘯等）發生的頻率與威力。

8.水、電、能源的供應是否便利。

9.政府政策、獎勵措施、環保與工安法規。

10.居民接受的程度與地方政治問題。

因此，宜將下列安全考量列為最主要的因素：

1.廠址必須與社區、住宅區與公共設施保持足夠的距離與空間。

2.附近是否有其他危害性場所。

3.地方上對意外事件的緊急應變與支援（消防、警察）是否充分。

4.電力供應的品質。

5.氣候。

6.交通是否便利。

7.人口密度。

8.醫療設施。

9.廢棄物處置設施是否完備。

　　生產工廠應避免設置在人煙稠密的地區；然而，交通運輸也是決定廠址的主要因素之一，兩者相互衝突。交通便利的地區，不僅原物料供應方便，也是人口聚集的所在；因此，必須權衡各方面的限制，以取得最適當的選擇。如果必須設置在人口稠密的地區時，必須確保與周圍社區或商業區保持足夠的安全距離。以印度博帕爾的農藥工廠為例，設廠初期周圍2.5公里之內，並無商店與住宅；然而，由於管制不夠嚴格，廠區周圍逐漸形成小型村鎮。1984年異氰酸甲酯儲槽進水，引發大量異氰酸甲酯氣體外洩，造成數千人死亡與近二十萬人受傷。

　　廠址必須與其他危害性場所保持安全距離，以免員工、設備受到鄰近危害性場所的意外而受損。儘量避免與有害廢棄物處理場所或高汙染工業為鄰，除了避免受到它們的汙染或意外波及外，還可避免無謂的糾紛，如汙染源排放的責任歸屬與相關法律責任。

　　評估原料的輸入與產品的輸出時，也應將安全因素列為主要考慮項目。儘量選擇交通事故發生時對社會大眾影響最低的地區作為廠址的預定地。運輸路線應避免經過人口稠密的地區，並且盡可能選擇以管線輸送油品、氣與化學品，因為管線運輸遠較槽車安全。

　　充足的醫療設施與地區的消防及警察支援，可有效控制意外事故發生後所造成的後果，因此也應將醫療、警力與消防列入考慮。天災與氣候因素也必須評估。美國德克薩斯州與路易斯安那州沿著墨西哥灣的海岸線

是美國煉油與石油化學工業中心；然而每年六至十一月為颱風旺季。在此地區設置工廠，必須加強防颱、防風與防洪設施。

9.6.2 廠址評估

廠址的風險評估中，最主要的項目為對於社會大眾所可能造成的風險。主要的評估項目為：

1.可能發生的最壞情況。

2.氣候條件與最惡劣的氣候資訊。

3.人口密度與可能影響的人數。

4.地區的發展規劃。

5.意外發生時，人員疏散方式與途徑。

圖9-16顯示社會風險評估的計算步驟。

完全去除任何一個工廠的公共風險是一件不可能的任務。與周圍社區之間保持一個很大的緩衝空間也不符合經濟原則，因為土地價格也不便宜；因此，在選擇廠址時，可能必須依據風險評估的結果，做成最後的決策。對風險評估有興趣的讀者，請參考下列著作：

1.AIChE CCPS (2000). *Guidelines for Chemical Process Quantitative Risk Analysis*. American Institute of Chemical Engineers, 2nd Edition, Chapter 3, New York.

2.IChE (2000). *Risk Assessment in the Chemical Process Industries*, 2nd edition, Institute of Chemical Engineers, London.

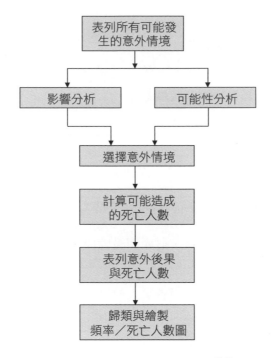

圖9-16　社會風險計算步驟[14]

9.7 廠區布置

9.7.1　規劃考慮

工廠內生產單元工場與建築物的規劃及布置和安全與經濟皆有密切的關係。除了考慮操作、維修與動線的便利外，還必須將下列安全因素包括在內：

1.意外事故發生後，危害物直接洩漏與擴散的圍堵。

2.高危害性操作。

3.不同風險的生產單元的區分與隔離。

4.爆炸所產生的過壓影響。

5.熱輻射影響。

6.盡可能降低易受損壞的管線數量。

7.排水與地表面的傾斜度。

8.風向。

9.未來擴建計畫。

一個布置良好的生產場所具有下列優點：

1.意外發生所造成的人員、財產與設備損失低。

2.爆炸與熱輻射影響低。

3.緊急事故發生時，消防與救災人員易於進入現場施救。

4.設備易於維修與更新。

5.易於營建施工與管理。

由於廠區設備位置、布置與土地的需求有很大的關係。設備間或生產單元間的距離愈大，土地、管線與電線等投資愈大；因此，在規劃時，必須多方考量，除了盡可能在操作、維修與安全等三個因素間，取得最適化的平衡外，並預留未來擴廠空間。

9.7.2　廠區內布置

廠區內生產單元的相互位置是依照生產流程先後所安排的，其目的在於便利原物料、中間產品與產品的傳送。一個複雜的工廠依其生產設備或單元工場的性質，可區分為下列不同的單元：

1.前處理。

2.反應（包括不同的反應單元）。

3.儲槽。

4.卸載與裝載。

5.熱媒爐與加熱爐。

6.燃燒塔。

7.鍋爐與發電站。

8.電力控制與儀器室。

9.廢棄物前處理、焚化與廢水處理。

10.公共設施（變電所、氮氣工場、氧氣工場、冷卻水塔）。

11.控制室。

12.倉庫。

13.消防設施（消防水幫浦機房、水池、灑水站、消防站）。

14.其他（行政大樓、實驗室、維修工場等）。

　　圖9-17顯示一個化學工廠的布置圖，每個單元工場區的長寬度不宜超過92米與183米，單元工場間除了應具備消防與維修所需的空間外，還必須保持依據過去的經驗所發展出的安全距離（表9-4）。每一塊單元至少要有兩個出入口，以便於緊急疏散與救護車的進出。場內路旁的管線架、消防栓與管線必須具備足夠的垂直與水平空間，以避免大型車輛、起重機、卡車的衝撞。廠區內的道路宜筆直，同時應隨時保持暢通無阻，不可為了地形限制而轉折、彎曲或堵塞。道路宜高於單元工場的地平面，以免積水、火災發生時無法暢通。主要的公共設施管線應設置於廠內最主要與次要的道路旁。

　　支援性服務設施如鍋爐、冷卻水塔、發電站等的設置要點為：

1.主要的支援性設施不會因火災、爆炸、天災的影響而停機。

2.不會成為引發意外事件的點火源。

3.冷卻水塔的位置應遠離一般設備與管線，以免水霧隨風飄流而造成設備腐蝕。

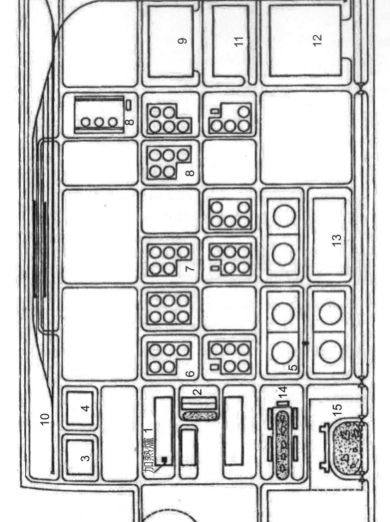

圖9-17 化工廠布置圖

1.生產單元　2.控制室　3.發電站　4.公共設施　5.儲槽　6.中間體諸槽　7.產品諸槽　8.球型諸槽　9.LPG裝罐設施　10.產品高架起重機（公路）　11.產品高架起重機（鐵路）　12.廢藥物暫存區　13.廢水處理　14.產品展示　15.行政大樓　16.燃燒塔

表9-4　生產單元間的安全距離[1]

編號	設施名稱	1	2	3	4	5	6	7	8	9	10	11	12	13	14	15	16	17
1	支援單位建築物	-	-	-	-	-	-	-	-	-	-	-	-	-	-	-	-	-
2	馬達控制中心與發電站	-	-	-	-	-	-	-	-	-	-	-	-	-	-	-	-	-
3	公共設施	15	15	-	-	-	-	-	-	-	-	-	-	-	-	-	-	-
4	冷卻水塔	15	15	30	-	-	-	-	-	-	-	-	-	-	-	-	-	-
5	控制室	-	-	30	30	-	-	-	-	-	-	-	-	-	-	-	-	-
6	壓縮機房	30	30	30	30	30	-	-	-	-	-	-	-	-	-	-	-	-
7	大型幫浦機房	30	30	30	30	30	9	-	-	-	-	-	-	-	-	-	-	-
8	輕危害性生產工場	30	30	30	30	30	9	9	-	-	-	-	-	-	-	-	-	-
9	中危害性生產工場	30	30	30	30	30	9	9	15	-	-	-	-	-	-	-	-	-
10	高危害性生產工場	60	30	30	30	60	15	15	30	30	-	-	-	-	-	-	-	-
11	常壓儲槽	120	60	60	60	90	30	30	60	60	60	-	-	-	-	-	-	-
12	冷凍儲槽	75	75	75	75	75	75	75	75	90	105	-	-	-	-	-	-	-
13	常壓儲槽	105	105	105	105	105	105	105	105	105	105	-	120	-	-	-	-	-
14	燃燒塔	90	90	90	90	90	90	90	90	90	90	90	120	120	-	-	-	-
15	卸載與裝載架	60	60	60	60	60	60	60	60	60	60	75	105	105	-	-	-	-
16	消防水幫浦	15	15	15	15	15	60	60	60	60	60	105	105	105	90	15	-	-
17	消防站	15	15	15	15	15	60	60	60	60	60	105	105	105	90	60	60	-

4.燃燒塔的火焰應筆直向上，以避免點燃外洩的蒸氣雲；煙塔的高度應以熱輻射與噪音影響所估算的高度。

9.7.3 單元工場內布置

每個單元工場皆有塔、槽、幫浦、熱交換器、攪拌與機械加工設備、混合槽、反應槽等設備。設備的布置自然應考量以物質的流向，將所需的設備依序排入預定的場區內，然後再依據每個設備的特性與設備間的相互關係，決定相互位置與距離。**表**9-5列出不同設備間的最低安全距離，以供參考。

設備位置安排的基本原則為：

1.直接燃燒的加熱爐宜遠離可能外洩易燃性物質的設備。
2.將可能發生爆炸的設備如化學反應器與其他設備隔離，必要時安裝防爆牆。
3.輸送著火性物質的幫浦與壓縮機不宜集中於同一區域，而且避免安裝於桶槽、氣冷式熱交換器或管線架之下。
4.將設備分成兩個或兩個以上的區塊，而將單元工場的管線通過工場中心。
5.主管線架應與設備保持安全距離。
6.壓縮機應設置於下風處，並遠離點火源與加熱爐。
7.氣冷式熱交換器應裝置於地表面上，如果必須裝置於管線架上時，不可將幫浦與壓縮機裝置於下方。
8.加熱器應裝置於上風方向，與其他設備距離至少15米以上，與其他加熱設備至少8米以上。
9.大型液體桶槽應設置於地面或每一層的樓板上，不可懸於半空中。
10.廢液、廢水排放與輸送管線或渠道的布置應與設備布置相配合，地下溝渠的位置應設置於主管線的兩邊，以便於洩漏時收集之用。

表9-5 設備間的安全距離[1]

編號	設備名稱	1	2	3	4	5	6	7	8	9	10	11	12	13	14	15
1	壓縮機	9	-	-	-	-	-	-	-	-	-	-	-	-	-	-
2	中危害幫浦	9	-	-	-	-	-	-	-	-	-	-	-	-	-	-
3	高危害幫浦	15	1.5	-	-	-	-	-	-	-	-	-	-	-	-	-
4	高危害反應器	15	3	4.5	7.5	-	-	-	-	-	-	-	-	-	-	-
5	中危害反應器	15	3	4.5	7.5	4.5	-	-	-	-	-	-	-	-	-	-
6	低危害反應器	15	3	4.5	7.5	4.5	4.5	-	-	-	-	-	-	-	-	-
7	塔桶槽等容器	15	3	4.5	15	7.5	4.5	7.5	-	-	-	-	-	-	-	-
8	排放管線	30	30	30	30	30	30	30	30	-	-	-	-	-	-	-
9	加熱器	15	15	15	15	15	15	15	30	15	-	-	-	-	-	-
10	氣冷式熱交換器	9	4.5	4.5	7.5	4.5	4.5	4.5	30	15	-	-	-	-	-	-
11	熱交換器	9	3	9.5	7.5	4.5	3	3	30	15	-	3	-	-	-	-
12	管線架	9	3	4.5	7.5	4.5	3	3	30	15	-	3	-	-	-	-
13	緊急控制設備	15	15	15	30	15	15	15	30	15	15	15	15	-	-	-
14	單元工場隔離閥	15	15	15	30	15	15	15	30	15	15	15	15	-	-	-
15	實驗室	15	15	15	15	15	15	15	30	15	15	15	15	-	-	-

9.8 結語

　　當強化或取代的策略都已經考慮過後，仍然無法改善時，則可考慮
應用「調節」的手段，以降低風險。由於主要的調節方式是在較和緩或較
安全的製程條件下執行任務，或是以較和緩或危害性較低的方式或路徑進
行化學反應，因此調節會造成生產力降低的後果。換句話說，絕大多數的
調節手段是以犧牲生產效率或反應速率，以換取安全。雖然調節與強化的
目的皆為降低風險，但是它們的對策往往是相互衝突的。設計者必須在生
產力與風險之間做出適當的取捨。

參考文獻

1.AIChE (1993). *Guidelines for Engineering Design for Process Safety*. American Institute of Chemical Engineers, NYC.

2.Hendershot, D. C.(1991) Design of inherently saferchemical process facilities,Texas Chemical council safety seminar, Session D, In herent safe plant design, 2-22, Galveston, Texas, June 11, Texas Chemical Council.

3.Brown, L. E., Johnson, D. W., Martinsen, W. E. (1987). Hazard control methods for highly volatility chemicals. Int'l Symp. on Preventing Major Chemical Accidents, pp. 5.41-5.61. Washington, D. C., February 3, 1987. American Institute of Chemical Engineers.

4.Someville, R. L. (1990). Reduce risks of handling liquefied toxic gas. *Chemical Engineering Progress*, December, 15-19.

5.Wilipedia (2015). Haber process. http://en.wikipedia.org/wiki/Haber_process.

6.Kharbanda, O. P., Stallworthy, E. A. (1988). *Safety in the Chemical Industry*. Heinemann Professional Publishing, Ltd., London.

7.Dale, S. E. (1987). Cost Effective Design Considerations for Safer Chemical Plants/7, Proceedings of the International Symposium on Preventing Major Chemical Accidents, February 3-5, 1987, Washington, D. C., ed. J. L. Woodward, 3.79-3.99. New York: American Institute of Chemical Engineers.

8.Mark Shwartz (2014). Newly discovered catalyst could lead to the low-cost, clean production of methanol, scientists say. *Stanford News*, March 2.

9.Tudor, R., Ashley, M. (2007). Enhancement if industrial hydroformylation process by the adoption of rhodium-based catalyst: Part I. *Platinum Metals Rev., 51*(3), 116-126.

10.Syed, F. H., Vernon, W. D. (2002). Status of low pressure pe process licensing. *New Generation Polyolefins, 7*(6), 18-27.

11.Arkema (2015). Organic peroxides: Their safe handling and use. Arkema, Inc., Philadelphia, PA.

12.Vignes A. (2008). Evaluation of ignition and explosion risks of nanopowders: A great way to manage industrial safety risks. INPL Nancy, Ph. D thesis (in French).

13.Dufaud, O., Perrin, L., Laurent, A. (2010). State of the art: Promotion of early inherently safer design against dust explosions. Laboratoire des Sciences du Génie Chimique, Nancy-Université, CNRS, INPL, ENSIC, 1 Rue Grandville, BP 20451, F-54001 NANCY Cedex.

14. AIChE CCPS (2000). *Guidelines for Chemical Process Quantitative Risk Analysis*. American Institute of Chemical Engineers, 2nd Edition, Chapter 3, New York, USA.

CHAPTER 10

簡化

10.1 前言

工作程序或任務愈複雜，人為或機械的失誤機會愈多；反之，步驟愈簡單，失誤的機會愈低。這個道理有點像武俠小說中的高手所說的經典名言：「無招勝有招」。如果沒有任何招數，就沒有破綻；沒有破綻，就無法破解。事實上，無論是工業生產、工作任務或高手對招，不可能沒有招數，因為不出招就沒有任何成果；不過，招數愈少，犯錯的機會愈少；因此，如欲提升安全程度，最好儘量減少不必要的步驟或設備。

以《國富論》（*The Wealth of Nations*）聞名於世的英國經濟學家亞當·史密斯（Adam Smith, 1726-1790）早在18世紀末期就做過類似的結論。他在《天文學的歷史》一書中曾說：

「任何一個執行特殊任務的機械剛發明時都非常複雜，但是經過不斷地改善，只需少許的輪軸與運動原理即可完成相同的任務。[1]」

依據英國卜內門化學公司的工安專家克萊茲的分析，工業生產製程之所以非常複雜的原因，不外下列五點[2]：

1. 設計者未使用本質較安全的設計策略，未能及早進行危害評估，或未能設法去除或減少危害因素。
2. 設計中途時，企圖改變基本設計理念或處理方式。
3. 拘泥於傳統的不合時宜的觀念、技術、規格、規範或經驗的限制。
4. 無法確實掌握原料的品質與規格，設計的彈性需求高。
5. 試圖去除所有的危害，將風險降至最低。

如欲降低工業程序的風險，可由下列手段達成：

1.簡化任務。

2.降低設備的複雜度。

3.強化設備結構。

4.避免應用複雜的控制系統。

5.去除不必要的設備。

10.2 強化設備結構與材料

10.2.1　應用較高額定壓力的設備

　　為了保護桶、槽、蒸餾塔、熱交換器、反應器等設備的完整性，設備皆安裝壓力疏解閥。當壓力超過設定的最高容許操作壓力（maximum allowable working pressure）時，壓力疏解閥會自動開啟，將設備內的物質排出，以免設備因壓力過高而損壞。壓力疏解閥所排放的物質必須先經過管線收集、再經過處理，將危害特性去除後，才能排放至環境中。疏解閥、管線、處理與排放設施不僅增加投資與維護成本，而且由於非生產設施，往往疏於維修，反而易於發生意外；因此，在訂定設備規格時，可考慮增加壓力的容許範圍。如果設備最大可承受的壓力大於最壞可能發生失控或失誤時所產生的最大壓力時，在選擇疏解閥時，只須考慮失火狀況下的疏解。由於不必考慮失控或失誤時的疏解排放，可使用較小尺寸的疏解閥與收集、處理系統。

10.2.2　應用抗拒惡劣條件的材料

　　應用足以抗拒惡劣條件或承受腐蝕與磨蝕的材料，可以免除因應失誤時的控制或緊急排放的考慮。克萊茲曾經應用**圖10-1**所顯示的低溫氣體

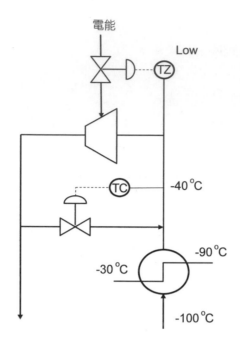

圖10-1　壓縮機的低溫保護系統，圖中TC為溫度控制，TZ為溫度失誤[2]

壓縮機系統為案例，探討複雜控制裝置與較佳材料間的利弊。

　　此低溫氣體壓縮機的鋼材無法承受攝氏-50度以下的溫度，因此-100度的低溫氣體必須先經過熱交換器將溫度升到-40度左右，才可進入壓縮機。如果熱交換器失誤或加熱媒體斷流時，低溫氣體的溫度低於-40度時，控制閥會開啟將部分已壓縮的較高溫度的氣體回流與低溫氣體混和。如果溫度接近-50度時，壓縮機會停機以免受損。然而，如果兩個控制閥或溫度感測器失誤時，壓縮機就可能會因無法承受低溫氣體而損壞。如果應用可以承受較低溫度的鋼材時，就不需複雜的儀控系統與回流管線。應用較佳鋼材的壓縮機所增加成本可能比儀控與回流管線高，但是如果考量儀控系統的長期維修費用時，可能會得到相反的結論[2]。

　　克萊茲的另一個取代複雜的儀控裝置的案例也很有趣。他以一個氯氣的送風機為例，探討材質選擇與儀控系統間的得失權衡。氯氣具有強烈

的腐蝕性,因此氯氣送風機是以鈦金屬材料製成。鈦適合應用於潮濕的氯氣環境中,但是會與乾燥氯氣反應。由於氯氣在進入送風機之前,會經過一個水洗的洗滌塔,因此進入送風機的氯氣通常會夾帶著水分。為了防止意外發生,工程師設計了一套非常複雜的控制系統,以免送風機接觸到乾燥的氯氣。然而,從另外一個角度來看,如果應用早年使用的以橡膠包覆的送風機,則不必擔心氯氣是否含有水分。這種老式送風機雖然使用年限較低,可靠度也差些,但是不僅價格低廉,且不必安裝複雜的儀控系統,以確保洗滌塔的正常操作與送風機是否會受到乾燥氯氣的損壞。

由以上兩個案例可知,設備材質的選擇除了考慮設備功能外,還必須考慮設備安全與緊急狀況下的因應措施。選擇適當的材質可能節省了以後外加的安全防護與啟動的儀控裝置。

其他類似案例如下:

1.易燃性有機蒸氣在空氣中引燃後,所產生的最大爆燃壓力小於8~10大氣壓;如果設備的結構足以抗拒此最大爆燃壓力時,即可將爆燃所產生的後果圍堵於設備之中。

2.設計具可抗拒完全真空的容器,則可避免當容器中的液體經幫浦排放時,萬一排放閥或呼吸閥堵塞或關閉時,容器會因內部壓力急速降低至於外界壓力之下而損壞。

10.3 避免造成人為失誤的機會

10.3.1 人為失誤分類

人類適於執行思考性、前瞻性或分析性的任務,但卻不適於執行重複性與機械化的任務。規劃工作任務時,應該儘量避免讓人長期執行重複性與機械性的任務。人為失誤依行動方式可歸類成下列六種模式[3]:

1.疏忽或遺忘失誤：疏忽或遺忘所造成的失誤。

2.執行失誤：不適當的行動所造成的失誤。

3.順序失誤：執行步驟錯誤或順序不良所造成的失誤。

4.時效失誤：未及時或在適當時間內執行任務時，所造成的失誤。

5.選擇失誤：控制行動錯誤所造成的失誤。

6.計量失誤：過多或不足的控制或操縱行為所造成的失誤。

由**表10-1**所列出的八種經常性的人為失誤率可知，在壓力狀況下，轉動控制裝置與錯誤使用校正表的失誤機率遠大於其他失誤。設計控制系統時，應該避免人為失誤的可能性。

10.3.2 降低程序控制的複雜度

克洛斯曼（E. R. F. W. Crossman）依據許多不同的程序控制任務的分析結果，發現在下列狀況下，操作員很難有效地控制程序。為了降低失誤的發生，應該儘量設法避免以人為方式控制下列狀況[6]：

1.當好幾個程序變數相互影響時。

2.程序控制的時間常數愈大，愈容易出錯；換句話說，如果下一個步

表10-1 人為失誤機率

任務	人為失誤的機率
壓力大時轉動控制裝置	0.5
錯誤使用校正表	0.5
閱讀圖示	0.01
撮合結合器	0.01
讀取紀錄	0.006
由類比儀表中讀取數值	0.003
由眾多控制器中選出適當的裝置	0.003
解讀指示燈的指示	0.001

驟的控制必須等待一段較長的時間時；以加熱為例，如果加熱時間長，操作員啟動加熱開關後必須等待很長的時間，才可執行下一個任務時，操作員會變得無聊或意志分散而易於犯錯。

3.程序控制的主要參數必須依賴操作員依狀況而估計或決定時。

4.顯示主要變數的儀表距離太遠，操作員又必須依據所顯示的數據作判斷時，他會因意志不集中而忽略上一個數據。

5.操作員無法及時得到回饋的資訊時；以加熱至定點溫度為例，如果溫度感測器或顯示器無法及時提供準確的溫度時，操作員可能會大幅增加熱能的供應而造成失誤。

6.程序變化過於複雜，難以理解或難以由肉眼判斷時。

應用電腦或自動控制裝置，固然可以降低人為控制的失誤機會，但是與其加強儀控投資，不如簡化製程。以圖10-2的製程為例，三個廢熱回收蒸氣鍋爐所產生的高壓蒸氣如果以同一個氣水分離器收集回收，固然可以降低設備投資，但是會增加操作的複雜度。因為廢氣中的雜質較多，易形成煙垢。為了清除煙管中的塵垢，廢熱蒸氣鍋爐必須經常隔離停機。由於停機時，操作員會因為習慣性動作而疏忽或辨識不清而關錯隔離閥或產生其他的失誤。安裝互鎖裝置固然可以降低人為失誤，但是會造成程序的複雜度與成本的增加；何況電子元件也可能因為失效而產生失誤。最簡單的解決方法為避免共同使用相同的氣水分離器。如果每一個廢熱鍋爐皆配置一個氣水分離器時，三個獨立系統互不干涉，就不會發生此類的失誤[2]。

10.3.3 提供操作員清晰的資訊

現代化生產工廠幾乎已完全自動化，操作員只需監視製程控制電腦顯示器上主要的控制參數，幾乎不須以手動方式操控生產設備。依據過去引發意外的原因可知，操作員的錯誤判斷往往將本來可以迅速矯正的設備元件的失誤或失常引發成不可收拾的意外事故。究其原因在於製程資訊的

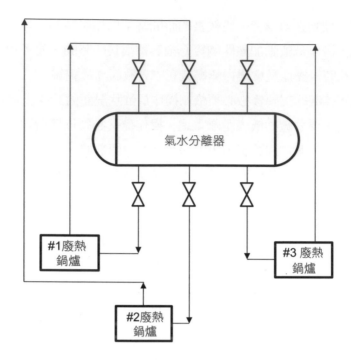

圖10-2　三個廢熱鍋爐共用一個氣水分離器的示意圖[2]

提供不完整或不夠清晰。因此，在設計顯示器所提供的資訊時，必須考量下列幾個簡單的問題：

1.操作員是否易於發現這些資訊？

2.操作員在多少時間內會對這些資訊產生反應？

3.操作員是否會及時做出正確的決定？

設計視覺顯示時，必須考慮下列項目[4]：

1.速度。

2.準確度。

3.使用者的辨識與學習能力。

4.使用者的接受度與舒適度。

5.惡劣環境下的穩定度。

6.通俗性。

　　顯示內容的可見度、分辨度與解讀度與其效能有直接的關係。以**圖 10-3**所顯示的圖型為例,任何人很難快速地由(a)圖中選出任何顏色的位置,而卻很容易的由(c)圖中選出任何顏色的位置。

　　生動彩色的象徵性圖案遠比呆板的文字易於辨識與解讀。

橙	藍	紅	綠	黑
紅	黑	藍	橙	綠
綠	橙	黑	紅	藍
藍	紅	綠	黑	橙
黑	綠	橙	藍	紅

(a)

橙	藍	紅	綠	黑
紅	黑	藍	橙	綠
綠	橙	黑	紅	藍
藍	紅	綠	黑	橙
黑	綠	橙	藍	紅

(b)

(c)

圖10-3　三種不同顯示顏色的方塊

10.4 避免應用複雜儀控系統

執行製程設計時，應儘量避免應用複雜的儀控設備，以達到設計的目的。控制系統愈複雜，失誤的可能性愈高。**圖10-4**顯示一個液態氧化製程的空氣供應與排氣回流的設計圖。由於反應器排氣中含有易燃性氣體，排氣中的氧氣成分達到10%時，即會著火爆炸；因此，為了將進氣中的氧氣濃度控制於5%之下，工程師設計了一個由兩個氧氣偵測器與控制閥組合的空氣與排氣混和的系統。當兩個回流壓縮機正常運轉時，空氣的供應與濃度的控制不會發生問題。然而，爆炸仍然發生，造成四個人死亡。

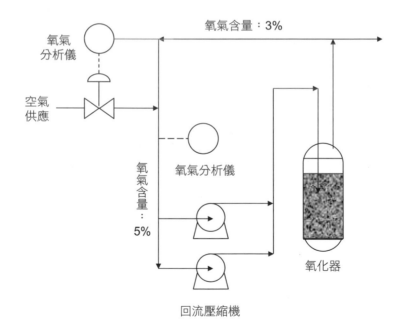

圖10-4　液態氧化器的空氣供應與排氣回流的設計圖[2]

事故調查結果顯示，事故發生前，其中一個壓縮機發生故障，操作員暫時關閉了互鎖裝置，以免隔離了空氣供應，但是他卻忘記降低空氣供應流量。由於氧氣偵測器與空氣供應控制閥的反應太慢，氧化器中的氣體急速上升，導致爆炸。我們當然可以歸罪於操作員不該將互鎖系統關閉，或更換反應較快的氧氣偵測器與控制閥；然而，如果不將排氣回流，不僅不需要回流壓縮機與控制閥器，而且也不會發生類似意外[2]。

10.5 去除不必要的設備

為了操作方便或安全考量，工程師習慣於加設氣液分離器、排放槽、小型儲槽等緩衝設備，但是卻未考慮到桶槽增加後，相關的儀器、排放閥與程序的複雜度也相對地增加。以圖10-5(a)所顯示的冷凍液體的疏解系統為例，工程師習慣以排放槽收集處理工場設備疏解閥所排放的液體。如果此液體在處理過程中未曾與其他物質接觸時，則可如圖10-5(b)所顯示，將疏解閥所排放的物質直接連接至液體儲槽，以節省一座排放槽的投資[2]。

冷凍系統的冷媒蒸發器與壓縮機之間，皆如圖10-6(a)所顯示，安裝一個氣水分離器，去除冷媒中的液滴，以避免液滴進入壓縮機中，毀壞高速旋轉的葉片。如果增加冷媒蒸發器的氣態空間，並加裝霧滴收集網，則可去除氣液分離器（圖10-6(b)）。

10.6 避免修改所產生的連鎖反應

進行基本製程設計時，應作全盤考慮，儘量避免走一步算一步的心態。執行工程設計時，必須具備主要的資訊與需求。工程設計完成後，除

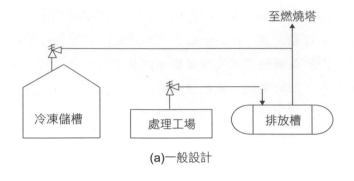

(a)一般設計

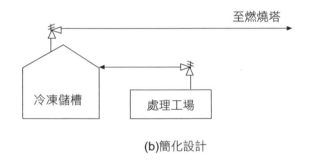

(b)簡化設計

圖10-5　冷凍液體儲槽與處理工場的疏解系統

非客觀情況或大環境發生變化，不宜大幅修改。事實上，在許多工程專案中，修改難以避免。然而，任何一個簡單的修改，皆可能引發一連串的效應。有些工程師為了爭取時效，往往不做全盤考量，只進行局部的改變。結果越改越複雜，不僅難以理解與操作，還會造成安全上的問題。因此，寧可在基本設計時考慮周詳，以免日後引發修改後的反應，反而得不償失。

10.7 整合與簡化的取捨

　　第七章所敘述的製程單元的整合是將幾個不同功能的設備經整合

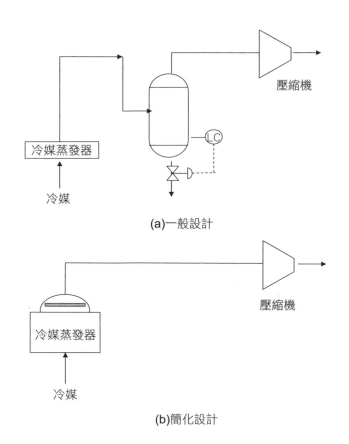

(a)一般設計

(b)簡化設計

圖10-6　冷媒蒸發與壓縮

後，不僅減少了設備的數量與危害性物質的容量，而且還提升生產效率；因此，任何製程單元或設備的整合皆可視為製程的簡化。

　　以7.4.1反應蒸餾一節中所提到的醋酸甲酯的生產為例，美國伊士曼化學公司以三個設備取代二十八個設備，建造成本與能源消費約為傳統製程的五分之一，但是它具有化學反應、氣提、萃取、精餾、共沸分餾等五種功能，不僅難以設計，而且不易控制與操作。從另一個角度而論，將好幾個功能整合在一個設備中，可能造成失誤的機會大幅增加，反而難以維持穩定的操作。

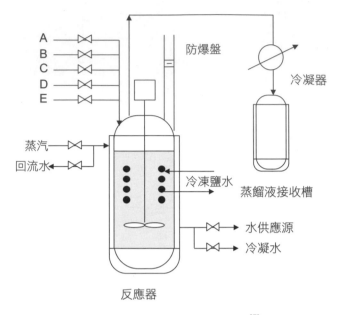

圖10-7　複雜的多功能反應器[5]

　　圖10-7顯示一個多功能的批式反應器，其優點為彈性大，適於生產少量、多樣產品，確實達到了整合設備功能與簡化製程的目的；然而，由於設計複雜，而且操作變化大，失誤的機會亦大。如果將此批式反應器以圖10-8所顯示的三個設備取代，則可大幅降低操作複雜度與風險。因此設計者必須考量整合後的得失、優缺點，以做出最適化的決策。

10.8 其他簡化案例

1. 應用纏繞式與具彈性的石墨材質的墊圈。
2. 應用雙端面機械密封（double mechanical seals）、橫隔膜幫浦（diaphragm pump）、噴射器（eductor）、無縫幫浦（sealless pump）。

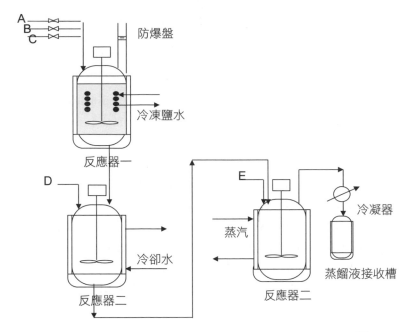

圖10-8　以三個反應器取代圖10-7所顯示的多功能反應器[5]

3.設計高真空桶槽。

4.以重力或壓差輸送流體。

10.9 結語

　　工程師進行製程設計時，應該盡可能去除不必要的複雜處理步驟或多餘的設備，以降低失誤或設備失常的可能性。一般來說，愈簡單的製程，成本愈低，愈有競爭力，也愈安全。工程師應該設法提升製程的本質安全性，避免應用外部手段或控制設施，以降低風險，因為任何多餘的外加設施或裝置皆可能引發出更多的失誤可能性。

參考文獻

1.Smith, A. (1795). History of astronomy.

2.Kletz, T. (1990). *Plant Design for Safety*. Hemisphere Publishing Corp., New York.

3.Swain, A., Guttmann, H. (1983). Handbook of human reliability analysis with emphasis on nuclear power plant applications, NUREG/CR-1278, Nuclear Regulatory Commission, Washington, D. C., USA.

4.Kantowitz, B. H., Sorkin, R. D. (1983). *Human Factors: Understanding People-System Relationships*. John Wiley & Sons, New York, USA.

5.Hendershot, D. C. (1987). Safety considerations in design of batch processing plants. International Symposium on Preventing Major Accidents, American Institute of Chemical Engineers, Washington, D. C., February 3rd.

6.Crossman, E. R. F. W. (1960). *Automation and Skill*. DSIR, Problems of Progress in Industry, No. 9, London, UK.

附錄　本質製程安全檢核表

去除／取代

· 應用替代製程或化學方式，是否能完全去除危害性物質、製程中間體或最終產品？
· 改變化學或製程條件，是否能完全去除製程中所使用的溶劑呢？
· 是否能以危害性較低的物質取代？
　—以不可燃溶劑取代易燃溶劑
　—低揮發性物質
　—低毒性物質
　—低反應性物質
　—較穩定物質
· 是否能以危害性較低的最終產品的溶劑取代？
· 是否能應用有最高或最低溫度限制的物質作為加熱或冷卻盛裝在高溫或低溫條件下不穩定物質的設備的熱交換媒體呢？

較安全條件

· 原料供應壓力可否設定於它所輸送的設備的最大工作壓力之下呢？
· 是否可應用觸媒或較佳的觸媒將溫度與壓力等反應條件調節於較和緩的條件呢？
· 將製程調整至較和緩的條件下操作，是否會降低產率或轉化率呢？未反應完全的原料是否可以回流於製程中，以降低損失呢？

· 是否可以稀釋高危害性物質，以降低風險呢？例如：
　—以氨水取代氨氣
　—以鹽酸取代氯化氰
　—以硫酸取代發煙硫酸
　—以稀硝酸取代發煙硝酸
　—以濕過氧化苯取代乾燥的過氧化苯

設備設計

· 設備是否可以設計為足以抗拒最壞可能發生的狀況下所可能產生的壓力呢？
· 設備是否足以圍堵或盛裝最壞可能發生的狀況下所產生的物質呢？換句話說，就是不必依賴疏解或外加系統如冷凍系統等。
· 是否可以應用其他的容器，以取代多功能設備呢？
· 是否可應用防呆設計，即使在人為或元件失誤下，設備也難以或無法引發危害的狀況呢？

存貨減量

· 儲槽中危害性物質的存量是否降至最低？
· 所有製程中預定設置的儲槽是否必須？
· 所有處理危害性物質的設備是否已將容量降至最低呢？
· 製程設備的布置是否以降低管線距離為原則呢？
· 管線管徑是否以降低存量為原則而決定呢？
· 其他單元操作或設備是否也可以降低存量呢？
　—以刮膜式分子蒸餾器（wiped film still）取代連續式蒸餾塔
　—以離心萃取器取代萃取塔

—以閃蒸乾燥器取代盤式乾燥器

—以塞流反應器（plug flow reactor）取代連續攪拌式反應器

—以連續內聯式混合器取代混合槽

—應用旋轉碟式反應器

—應用高熱傳反應器

—應用微型或袖珍型反應器

—替代能源如超音波、微波或紫外光或太陽光的應用

—應用超重力技術

· 是否可以應用氣態取代液態危害性物質，以降低管線中的存量？

· 製程整合

廠址／位置

· 製程單元的位置是否可以遠離附近危害性設施，以免意外時遭受波及？

· 製程單元的位置應該避免或遠離下列影響：

—非生產設施如公共設施外的衝擊

—生產區內員工的衝擊

—對製程或生產設施的衝擊

· 廠址位置是否將減少危害性物質的運輸作為考量的主要因素？是否應用較安全的方式輸送危害性物質？

· 一個多步驟的製程中所需的危害性的原物料是否在不同廠址分別處理呢？如果將這些物質集中處理，是否可以減少危害性物質的運輸呢？

廢棄物減量

· 是否可以降低棄物回流至製程中，以減少廢棄物的產量呢？

· 所有的溶劑、稀釋物或其他反應載體是否已經儘量減少呢？是否可以完全去除呢？

· 清洗作業是否已達最適化？水量是否已經減至最低？以對流方向清洗是否可以改善效率呢？

· 廢棄物中是否還有值得回收的有價物質呢？是否可以改變製程，以增加所產生的中間體濃度，以提升回收的可行性呢？

參考文獻

1. AIChE CCPS (1991). Inherent process safety checklist, *Guidelines for Engineering Design for Process Safety*, Chapter 2, Appendix 2, American Institute of Chemical Engineers, New York.

2. Hendershot, D. C. (2011). Inherent safer design: An overview of key elements. *Professional Safety*, 48-55.

3. AIChE CCPS (2009). *Inherent Safer Chemical Processes: A Life Cycle Approach*, 2nd edition, American Institute of Chemcial Engineers, New York.

本質較安全設計

作　　者／張一岑

出 版 者／揚智文化事業股份有限公司

發 行 人／葉忠賢

總 編 輯／閻富萍

特約執編／鄭美珠

地　　址／新北市深坑區北深路三段 260 號 8 樓

電　　話／(02)8662-6826

傳　　真／(02)2664-7633

網　　址／http://www.ycrc.com.tw

E-mail ／service@ycrc.com.tw

I S B N ／978-986-298-247-1

初版一刷／2017 年 1 月

定　　價／新台幣 400 元

國家圖書館出版品預行編目（CIP）資料

本質較安全設計 / 張一岑著. -- 初版. -- 新北
市 : 揚智文化, 2017.01
面 ; 公分

ISBN 978-986-298-247-1(平裝)

1.工業安全

555.56   105024423